Schweizer Pioniere der Wirtschaft und Technik

Bernhard Ruetz

150 Jahre Lenzlinger
Handwerker, Erfinder, Ausbaupioniere

Verein für wirtschaftshistorische Studien

© Copyright 2012 by Verein für wirtschaftshistorische Studien.
Alle Rechte vorbehalten.
Herausgegeben vom Verein für wirtschaftshistorische Studien,
Vogelsangstrasse 52, CH-8006 Zürich.
Schweizer Pioniere der Wirtschaft und Technik, Bd. 94.
Redaktion: Dr. Bernhard Ruetz, lic. phil. Susanna Ruf.
Produktion: R + A Print GmbH, CH-8752 Näfels.

ISBN 978-3-909059-55-3

Inhalt

Vorwort 7

**Johann Joseph Lenzlinger:
Mutige Gründerjahre (1862–1880)** 9
Rechtschaffene Bauernfamilie – Länzlinger als «Schriner's» – Auf die Stör nach Zürich – Unterwegs als Zimmermann – Würdevoll und wohlhabend – Familiengeschichte fast im Keim erstickt – Arbeitsverhältnis mit Nebenwirkung – Allein mit vier Kindern – Liebe oder Kalkül? – Auf nach Uster – 1862: das Gründungsjahr – Erfolgreiche Partnerschaft, auch im Geschäft – Baumeister, Gastwirt und Liegenschaftsverkäufer – Anstrengende erste Jahre – Konzentration auf das Kerngeschäft – Vom Dienstmädchen zur Bürgersfrau – Adoption mit 50 Jahren – Wald als Materialreserve – Auf solidem Fundament – Starke Frau im Hintergrund – Verkauf an die Söhne

**Jacques und Johann Edwin Lenzlinger:
Vielfalt und Erweiterung (1880–1918)** 23
Suche nach erfolgreichen Ehepartnern – Unterwegs in Frankreich und Belgien – Studentischer Lebensstil aus Deutschland – Wichtige Geschäftsentscheide – Holzbearbeitung mit der Kraft des Wassers – Eine christliche Gefährtin – Holz oder Stein? – Prokura für die Ehefrau – Spezialisierung im Chaletbau – Arbeitersiedlung aus Holzhäusern – Eigenheim statt Kosthäuser – Gelungener Stilmix und sozialreformerischer Anspruch – Der Wald als Leidenschaft – Erfolg trotz Baukrise – Schwere Kriegsjahre – Betriebsübertragung an die drei Söhne – Beträchtliches Einkommen auch als Pensionär – Ein tapferer Mensch – Markante Persönlichkeit und vorausschauender Unternehmer

**Hans und Max Lenzlinger:
Parkettfabrikation und Telefonstangen (1918–1966)** 39
Start in Krisenzeiten – Im Holz zu Hause – Unbeschwerte Jugendzeit – Ausbildung bei Jacques Gros – 25 000 Franken für ein Chalet – Ein hohes Risiko – Symbolischer Abschluss – Realistische Einschätzung – Rückzug und Umgestaltung – Eigener Imprägnierturm – Schützenfeste als Geschäftsidee – Noteinsatz in Bellinzona – Dramatischer Brand zerstört Sägerei – Parkett für die eigenen Chalets – Erfolg trotz Krise – Bescheidenes Lohngefüge – Kampf dem Linol – Fluchtplan in die Innerschweiz – Umsatz übersteigt Millionengrenze – Sportlich bis ins hohe Alter – Ausbau der Geschäftstätigkeit

**Urs Lenzlinger:
Diversifikation und Modernisierung (1967–1999)** 59
Strukturwandel in Uster – Basteln mit Grossvater Jacques – Praktikum im kommunistischen Jugoslawien – Initiativer Unternehmer und Porschefahrer – Erfolgreich dank Ehefrau Marianne – Kauf und Neuanfang als AG – Sich ver-

ändern, um zu überleben – Liegenschaften gemietet – Handwerklicher Innenausbau mit Schwerpunkt Holz – Neue Tätigkeitsfelder – Abschied von der Mischkalkulation – Aus Konkurrenten werden Partner – Kooperation bei Wald und Sägerei – Doppelböden: innovativ und zukunftsweisend – Vom Parkett zum Naturstein – Vom Krankenbett aus verkauft – Geschäfte mit dem Schah – Marktführer in der Schweiz – Rundumservice samt Verjüngungskur – Offen für Teppiche und Laminat – Alu statt Holz – Feiern bis zum nächsten Tag – Von der Hausschlosserei zum Bereich Metallbau – Schlechte Aufträge erkennen – Widerstandsfähigkeit in der Krise – Kein Auftrag ist zu klein – Grosses Fest zum 125-Jahr-Jubiläum – Restaurierung der Mühle Niederurster – Neuer Hauptsitz in Nänikon – Tradition und Innovation – Pionierleistung Doppelböden – Unternehmerischer Geist

**Karin und Annette Lenzlinger:
Leistungsstark in fünf Disziplinen** 79

Frauenwahlrecht als prägende Erinnerung – Sackgeld buchhalterisch verwaltet – Der Lockruf der Familie – Distanz als Befreiung – Bewerbung für die Doppelböden – 1994: die Würfel sind gefallen – «Probezeit» bestanden – Kultur weiterentwickelt – Exotin im Baubetrieb – Strukturen beibehalten: Prozesse optimiert – Qualifikation wird immer wichtiger –Doppelböden: von der Seilbahn bis zum Bundesratsbunker – Expansion nach Wien und Shanghai – Parkett: Bereich mit Wachstumspotenzial – Schreinerei: Kunden im Premiumsegment – Metallbau: Umsatz ausgebaut – Zeltvermietung: flexibel wie eine Kleinfirma – Gewinn und Wachstum – Kompetent und gefragt – Annette und Karin Lenzlinger: optimale Ergänzung

Schlusswort 93

Tätigkeiten der Firma Lenzlinger 95

Die Gebäude der Familie Lenzlinger in Niederuster, 1862-1936 96

Stammbaum der Familie Lenzlinger 98

Quellen und Literatur 100

Bildnachweise 102

Dank 103

Vorwort

Uster im Zürcher Oberland gehörte im 19. Jahrhundert zu den wichtigsten Industrieregionen der Schweiz. Entlang des Aabachs reihte sich eine Textilfabrik an die andere. Alle die grossen Betriebe und ihre Zulieferer aus der Pionierzeit sind verschwunden. Lediglich die Familie Lenzlinger hat überdauert: Ihr traditionelles Holzbauunternehmen feiert im Jahr 2012 seinen 150. Geburtstag.

Mittlerweile hat die fünfte Generation die Führung übernommen. Ungewöhnlich in der männerdominierten Baubranche: Die operative Leitung und das Verwaltungsratspräsidium sind von zwei Frauen besetzt – von Karin Lenzlinger Diedenhofen und ihrer Schwester Annette Lenzlinger Vandebroek. Somit müsste die Lenzlinger Söhne AG heute eigentlich «Lenzlinger Töchter AG» heissen.

Schon die Ur-Ur-Grossmutter der heutigen Chefinnen, Margaretha Lenzlinger-Wäckerlin, war in der ersten Generation die treibende Kraft beim Aufbau des Unternehmens. Das ehemalige Hausmädchen aus einfachen Verhältnissen war eine kluge und ehrgeizige Frau. Sie unterstützte ihren Mann bei der Buchhaltung und allen schriftlichen Arbeiten. So gelang es dem Firmengründer, Joseph Lenzlinger, nach Jahren als einfacher Wanderhandwerker in Niederuster Fuss zu fassen und sich dort als Zimmermann und Baumeister einen guten Namen zu machen.

Joseph Lenzlingers Sohn Jacques stieg in den Chaletbau ein und prägte mit seinen Bauten einen Teil von Niederuster. Max und Hans Lenzlinger, Unternehmensleiter in der dritten Generation, nahmen die Parkettfabrikation auf und begründeten somit das Renommee des Unternehmens im Bereich Bodenlegen. Urs Lenzlinger, der Inhaber in der vierten Generation,

Ansicht von Uster um 1895, links im Bild die Burg Uster und die reformierte Kirche, in der Mitte die katholische Kirche von 1884, im Hintergrund der Greifensee.

Die Spinnerei Bachmann (spätere BUAG), am Aabach gelegen, links das Kosthaus, Aufnahme von Julius Gujer, 1900. Die 1862 erbaute Fabrik war die letzte Baumwollspinnerei in Uster und ist heute Teil der Wohnüberbauung «Im Lot». Aufnahme von Julius Gujer, 1893/94.

gründete eine Aktiengesellschaft, stellte das Unternehmen völlig neu auf und entwickelte die wegweisende Innovation der Doppelböden. Dank dieser Schritte konnte er die Umsatzzahlen vervielfachen. Seine Töchter, Karin und Annette Lenzlinger, leiten nun erfolgreich den Betrieb in der fünften Generation, indem sie die geographische Expansion vorantreiben.

Das Unternehmen Lenzlinger hat im Laufe seines Bestehens nicht nur den Umsatz vervielfacht, sondern war auch in ganz unterschiedlichen Geschäftsfeldern tätig: Von der Sägerei über den Chaletbau bis hin zur Vermietung von Schiessanlagen. Von den ursprünglichen Tätigkeiten ist heute keine mehr dabei. Immer wieder galt es, Bereiche aufzugeben oder andere neu zu erschliessen. Dabei hat sich das Unternehmen aus sich selbst heraus immer wieder neu erfunden, sich der gesellschaftlichen und wirtschaftlichen Entwicklung angepasst und Chancen ergriffen.

Uster hat sich von einer Industriestadt zu einer Wohnstadt vor den Toren Zürichs gewandelt. Das Unternehmen Lenzlinger trägt dazu bei, Arbeitsplätze in der Region zu erhalten und das grosse wirtschaftshistorische Erbe von Uster ein Stück weit lebendig zu halten.

Johann Joseph Lenzlinger: Mutige Gründerjahre (1862-1880)

Die Geschichte der Unternehmerfamilie Lenzlinger beginnt in Rällikon in der zürcherischen Gemeinde Egg. In diesem Weiler am Südufer des Greifensees liess sich der Stammvater des Unternehmens, Joseph Lenzlinger, um 1855 nieder. Hier sollte er nicht nur Arbeit als Zimmermann, sondern bald auch sein privates Glück finden.

Johann Joseph Lenzlinger kam am 29. März 1824 in der Gemeinde Mosnang im Kanton St. Gallen auf die Welt. Er war der Sohn des Peregrin Länzlinger (*1782) und seiner zweiten Ehefrau Maria Anna Hollenstein (*1797). Der Familienname Lenzlinger dürfte auf den heute noch existierenden Weiler Lenzlingen zurückgehen. In Mosnang ist das Geschlecht schon seit Jahrhunderten ansässig. Die meisten Familien schreiben sich allerdings «Länzlinger». So auch die Vorfahren von Joseph. Im Kanton Zürich hingegen, wo Joseph und seine Nachkommen später leben sollten, lautete die amtliche Schreibweise «Lenzlinger».

Rechtschaffene Bauernfamilie

Mit seinen fünf Geschwistern, zwei Brüdern und drei Schwestern, wuchs Joseph Lenzlinger in einfachen Verhältnissen auf, kam aber aus einer rechtschaffenen und angesehenen Bauernfamilie: Sein Urgrossvater Hans Jörg Länzlinger bewirtschaftete das Gehöft Ehratsrick in Mosnang. Er galt dem Pfarrer laut Sterbebuch als «vir singulis virtutis», also als ein Mann

Joseph Lenzlingers Heimat, das Dorf Mosnang im Toggenburg. Aquatinta des bekannten Künstlers Johann Baptist Isenring, 1830.

Ab Mitte des 17. Jahrhunderts begannen im Zürcher Oberland selbstbewusste Bauern, Haussprüche anzubringen, so auch Kaspar Zollinger, dessen Scheune am «4. tag brachmonat Ao 1802» aufgerichtet wurde.

von einzigartiger Tugendhaftigkeit. Josephs Grossvater, Anton Länzlinger, war Bruderschaftsrat in der Rosenkranzbruderschaft. Diese setzte sich für die Verbreitung des Rosenkranzgebetes in den breiten Volksschichten ein und kümmerte sich um kirchliche Aufgaben wie die Schulaufsicht. Josephs Vater, Peregrin Länzlinger, lebte in einem Haus mit Scheune, das mit der Nr. 366 unter der Ortsbezeichnung Holenau im Gebäudeversicherungs-Kataster der Gemeinde Mosnang aufgeführt wurde. Hier kam Joseph als Zweitgeborener auf die Welt. Das Geburtshaus steht heute nicht mehr. Als Joseph zwölf Jahre alt war, liess sich der Vater im Weiler Bühl in der benachbarten Gemeinde Kirchberg nieder. Peregrins Bruder, Josef Länzlinger-Stillhard, bewirtschaftete das väterliche Heimwesen im Weiler Ehratsrick.

Länzlinger als «Schriner's»

Die hügelige, bewaldete Umgebung in Mosnang lieferte reichlich Holz und bot Joseph Lenzlinger die Möglichkeit, sich als Zimmermann zu betätigen. Vermutlich übten bereits seine Vorfahren dieses Gewerbe aus, zumal die «Länzlinger» von Ehratsrick als «Schriner's» bezeichnet wurden. Das Holz gehörte von je her zu den wichtigsten einheimischen Rohstoffen, sei es als Baumaterial, als Heiz- oder Antriebsenergie. Das Wachstumspotenzial der Holzwirtschaft war zwar nicht immens, bot aber durch den Waldreichtum des Landes immer Beschäftigung. Dementsprechend gab es in dieser Branche viele tausende von Betrieben von überwiegend kleiner bis mittlerer Grösse.

Auf die Stör nach Zürich

Als industrielles Hinterland der Textilhandelsstadt St. Gallen hatten sich im Toggenburg Heimarbeit und Textilbetriebe stark ausgebreitet. Auch in Mosnang und Kirchberg arbeitete ein Grossteil der Dorfbewohner als Heimweber und Sticker. Für einen tüchtigen Zimmermann gab es hier jedoch zu wenig Perspektiven. Joseph Lenzlinger verliess daher seinen Heimatort und ging auf die Stör in den benachbarten Kanton Zürich.

In Uster, im flacheren Teil des Zürcher Oberlandes, florierten um 1850 nicht nur die Textilindustrie, sondern auch Handel, Handwerk und Gewerbe. Das einstige Bauerndorf um die Burg Uster lag im Einflussbereich der Stadt Zürich und hatte sich im 18. Jahrhundert zu einem Zentrum der textilen Heimarbeit entwickelt. Im ersten Drittel des 19. Jahrhunderts traten im Zürcher Oberland die mechanische Spinnerei und Weberei ihren Siegeszug an. Der rasante wirtschaftliche Aufstieg Usters zu einem Industrieort und zur grössten Landgemeinde des Kantons Zürich schlug sich auch in einem stärkeren politischen Selbstbewusstsein der Bürger nieder.

Mitte des 19. Jahrhunderts arbeiteten in Uster bereits zwei Drittel der erwerbstätigen Bevölkerung im industriell-gewerblichen Sektor. Im Schweizer Durchschnitt hingegen waren noch rund 60 Prozent der Erwerbstä-

Aktuelle Aufnahme des Wohnhauses von Hans Jakob Zollinger und Margaretha Wäckerlin in Rällikon, erbaut 1847. Im linken Teil wohnt heute Jakob Baumgartner. Seine Vorfahren haben das Haus 1862 gekauft.

tigen in der Landwirtschaft tätig, ein Drittel in der Industrie und etwa 10 Prozent im Dienstleistungssektor. Uster war also eines der industriellen Zentren der Schweiz.

Unterwegs als Zimmermann

«Wo die Industrie spriesst und die Bevölkerung wächst, gedeihen auch handwerkliche Betriebe», dürfte sich Joseph Lenzlinger gedacht haben und machte sich frohen Mutes auf den Weg nach Uster. Doch sein Traum vom eigenen Geschäft fing höchst bescheiden an. Auf seiner Wanderschaft als Zimmermann zog er zunächst von Dorf zu Dorf und liess sich jeweils dort nieder, wo es gerade einen Stall zu bauen oder sonst etwas zu flicken gab.

Als Wanderarbeiter gelangte Joseph Lenzlinger um 1855 in den Weiler Rällikon in Egg. Dieser liegt an der Kreuzung zweier damals wichtiger Strassen in Richtung Zürich und Uster. Das Wahrzeichen von Rällikon ist das ehemalige «Zehntenhaus» aus dem Jahr 1535. Das vermutlich älteste Wohnhaus des Bezirks Uster steht unter Denkmalschutz. Hier amtete der Untervogt, tätigte wichtige Geschäfte und lagerte die Naturalabgaben der Bauern.

Würdevoll und wohlhabend

In Rällikon steht auch ein stattliches Doppelwohnhaus aus dem Jahr 1747. Darin wohnte Hans Jakob Zollinger (1803-1858), ein wohlhabender Bauer und Säckelmeister von Egg, mit seiner Familie. Als die freistehende Scheune 1855 einen Anbau benötigte, war Joseph Lenzlinger dafür der richtige Mann. Die Zollinger waren in der Gegend östlich des Zürichsees ein alteingesessenes Geschlecht. Ursprünglich geht der Familienname auf die «von Zollikon» zurück. Die Zollinger von Rällikon bekleideten seit dem 17. Jahrhundert wichtige politische, militärische und kirchliche Ämter, stellten oftmals den Untervogt und besassen umfangreiches Land, Wald und Mühlen. Dass Joseph Lenzlinger bald am Zol-

linger-Besitz teilhaben sollte, hätte er sich wohl in seinen kühnsten Vorstellungen nicht auszumalen vermocht.

Margaretha Wäckerlin mit ihren beiden Ehemännern. Oben ist Hans Jakob Zollinger zu sehen, unten Joseph Lenzlinger, (gemäss Fotoalbum der Familie Lenzlinger).

Familiengeschichte fast im Keim erstickt

Hans Jakob Zollinger war mit Margaretha Wäckerlin verheiratet. Sie wurde am 12. August 1830 in Siblingen im Kanton Schaffhausen geboren. Margarethas Familie war arm: Ihr Vater, Jakob Wäckerlin (1799-1871), arbeitete im Dorf als Totengräber, ihre Mutter, Magdalena Schelling (1799-1878), war eine geschickte Näherin. Von den fünf Kindern verstarben drei bereits in jungen Jahren. Die materielle Not zwang das Ehepaar Wäckerlin, seine jüngere Tochter Margaretha schon früh ausser Haus zu geben.

Im Alter von zehn Jahren kam sie als Dienstmädchen zu einem Tierarzt ins Nachbardorf. Dort wurde sie, wie sich ihre Enkelin Sophie Hilty-Lenzlinger erinnert, «gut gehalten» und konnte manches lernen. Nach der Konfirmation wollte die mutige Margaretha nach Amerika auswandern, wie so viele arme Schweizer in der damaligen Zeit. Hoffnungsvoll meldete sie sich für eine Überfahrt – doch das Schicksal wollte es anders, denn das Schiff war komplett ausgebucht. Dies erwies sich als Glück: Der Dampfer ging später nämlich mit allen Passagieren unter, wie es in der Familie überliefert wird.

Arbeitsverhältnis mit Nebenwirkung

Der jungen Margaretha Wäckerlin blieb daher nicht anderes übrig, als den Weg unter die Füsse zu nehmen und sich nach Arbeit umzusehen. Gemeinsam mit ihrer Freundin zog sie durchs Zürcher Unterland und dann ins Oberland. In Egg schliesslich fanden die beiden beim Bäcker Rudolf Ryffel Arbeit. Margaretha war bald als zupackende Hilfe geschätzt und beliebt. Nach einiger Zeit lernte sie Hans Jakob Zollinger kennen, der vermutlich ein Kunde der Bäckerei war. Der angesehene Egger Bürger und Junggeselle in fortgeschrittenem Alter war der einzige Sohn des Vogts Kaspar Zollinger-Bryner. Da er eine Haushälterin suchte, war er froh, dass er Margaretha dafür gewinnen konnte. Doch bald wurde aus dem Arbeitsverhältnis auch ein persönliches: Jakob Zollinger verheiratete sich am 7. März 1853 mit der fast 30 Jahre jüngeren Margaretha Wäckerlin in Egg. Sie war zu diesem Zeitpunkt bereits hochschwanger. Knapp zweieinhalb Monate nach der Heirat kam die Tochter Barbara Emma auf die Welt. Ihr folgten ein Jahr später Anna Lina, dann 1856 Johann Jakob und schliesslich 1858 Johann Edwin.

Vom Weiler Rällikon zog die Familie Lenzlinger 1862 nach Niederuster, Ausschnitt aus der Wild-Karte, um 1860.

Allein mit vier Kindern

Wenige Monate nach der Geburt des letzten Kindes jedoch geschah Dramatisches: Hans Jakob Zollinger nahm sich am 6. September 1858 das Leben. Sein jüngster Sohn war noch kein halbes Jahr alt, die älteste Tochter gerade erst fünf Jahre. Im Kirchenbuch vermerkte der Pfarrer beim Sterbedatum: «Suicidium ex causa malancholia». Jakob Zollingers Tod war für Margaretha ein grosser Schock. Plötzlich stand die 28-Jährige mit ihren vier kleinen Kindern ganz allein da. Unterstützung erhielt sie von ihrer Mutter Magdalena, die aus Siblingen angereist und auch Patin ihres jüngsten Enkels Johann Edwin war.

Gemäss den Bestimmungen des «Privatrechtlichen Gesetzbuches des Kantons Zürich» von 1856 hatte Margaretha keine volle Erbenstellung. Sie konnte lediglich das «Weibergut» herausverlangen und das «Bett des Ehemannes und die dem Ehemann zukommenden Hochzeitsgeschenke» erhalten. Wie Daniel Steck recherchiert hat, stand ihr ausserdem bis zu einer allfälligen Wiederverheiratung das Recht zu, die Erbteile der minderjährigen Kinder «zu geniessen und zu nutzen», sofern diese in der Haushaltung des verstorbenen Vaters zurückblieben und sie die Pflege und Erziehung der Kinder auf ihre Kosten übernahm. Die Kinder von Margaretha waren also die gesetzlichen Erben von Jakob Zollinger. Nach dessen Tod wurde nicht ihre Mutter der Vormund, sondern der Gemeinderat Rudolf Spörri von Rällikon.

Liebe oder Kalkül?

Der Suizid von Jakob Zollinger dürfte in Egg ein grosses Gesprächsthema gewesen sein. Margaretha, das ehemalige Dienstmädchen und nun die junge Witwe des wohlhabenden Säckelmeisters und Bauern, hatte ver-

13

Fabriken am «Millionenbach»

Entlang des Aabachs, der vom Pfäffikersee durch Uster in den Greifensee fliesst, reihte sich im 19. Jahrhundert eine Textilfabrik an die andere. Um die Wende zum 20. Jahrhundert waren es 24 Betriebe, davon allein 13 in Uster. Da es am Anfang der Industrialisierung weder Dampfkraft noch Elektrizität gab, mussten die Fabriken direkt an den Wasserläufen gebaut werden. Später wurden als Ergänzung zu den Wasserkraftanlagen auch Dampfmaschinen eingesetzt.

Um die Nutzung des Aabachwassers stritten sich verschiedene Interessengruppen. Die Bauern wollten ihre Wiesen wässern, die Müller das Korn mahlen, die Säger das Holz verarbeiten und die Fabrikanten mit der Wasserkraft die Maschinen antreiben. So war jeder Meter dieses einst wilden, bald aber immer stärker kanalisierten Bachs sehr begehrt und oft Gegenstand juristischer Gefechte. Gemäss Peter Surbeck, Kenner der Ustermer Geschichte, liegt die Besonderheit des Aabachs darin, dass er auf einer Länge von rund 10 km ein Gefälle von fast 100 m aufweist. Würde er mit diesem Gefälle weiterfliessen, hätte er bereits nach etwa 42 km den Meeresspiegel erreicht. Faktisch braucht das Wasser aber noch 700 km bis zum Meer. Dank diesem erstaunlichen Gefälle und der Tatsache, dass der Pfäffikersee gleichsam als grosses Rückhaltebecken dient, erhielt der eher unscheinbare Bach eine enorme wirtschaftliche Bedeutung. Die Aabachgemeinden wurden zu einem der am frühesten und am dichtesten besiedelten Industriegebiete Europas.

Baden im Fabrikkanal: Der Aabach diente um 1900 den Ustermer Jugendlichen auch zur Erfrischung. Aufnahme von Julius Gujer.

Bereits 1862 war Joseph Lenzlinger bei der Bank Leu in Zürich kreditwürdig. Ausschnitt aus dem Grundprotokoll von Uster, 26. August 1862.

mutlich in der Gemeinde keinen leichten Stand. Auch dürfte die Beziehung zur weiteren Zollinger-Verwandtschaft schwierig gewesen sein. Ob Margaretha in dieser misslichen Lebenssituation Trost bei dem Handwerker Joseph Lenzlinger suchte oder ob sie pragmatisch Ausschau hielt nach einem Vater für ihre Kinder und einem tüchtigen Geschäftspartner?

Ob Liebe oder Kalkül: Die Heirat von Joseph Lenzlinger und Margaretha Zollinger-Wäckerlin sollte sich für beide Partner als glückbringend erweisen. Am 7. Mai 1861 vermählten sich die beiden in Zürich, so lautet der Eintrag im Familienbüchlein. Hintergrund war wohl, dass Joseph Lenzlinger Zeit seines Lebens Katholik blieb, so dass die Trauung schon deshalb nicht in der kleinen reformierten Gemeinde Egg stattfinden konnte.

Auf nach Uster

Bei der Heirat war klar gewesen, dass sich das Ehepaar Lenzlinger mit den Kindern im nahen Uster niederlassen würde. Dort waren die Verhältnisse für einen Zuwanderer und tatkräftigen Zimmermann günstiger. Die Gemeinde Uster zählte im Jahr 1850 um die 5 000 Einwohner. Etwa ein Drittel davon waren aus den umliegenden Gebieten zugezogen, angelockt durch die Verdienstmöglichkeiten in den Textilfabriken. Angesichts der regen Bautätigkeit in Uster und der Tatsache, dass der Rohstoff Holz auch bei Fabrik- und Gewerbebauten, öffentlichen Gebäuden, Villen und Arbeiterhäusern bedeutsam war, schienen die beruflichen Aussichten für Joseph Lenzlinger vielversprechend zu sein. Und seine Frau Margaretha konnte die traurigen Erinnerungen an Rällikon hinter sich lassen.

1862: Das Gründungsjahr

Das Startkapital von Joseph Lenzlinger war jedoch bescheiden. Zwar hatte er am 5. Februar 1862 die Zollinger-Liegenschaft in Rällikon an die Geschwister Baumgartner verkauft. Gemäss dem Kaufbrief betrug die Summe beträchtliche 36 100 Franken. Darin enthalten waren das Wohnhaus, Scheunen, Vieh, Geräte, Äcker, Wiesen, Wald und Reben. Der Hauptbetrag von 32 170 Franken ging jedoch an den Vormund der erbberechtigten Kinder von Margaretha Lenzlinger-Wäckerlin. Joseph Lenzlinger musste also den Grundstein für sein Unternehmen ohne grosses Anfangskapital durch eigene harte Arbeit legen.

Am 27. März 1862 kaufte Joseph Lenzlinger von den Brüdern Johannes und Rudolf Bünzli ein Wiesenstück für 1 300 Franken. Dieses lag an der heutigen Seestrasse 103, im Ortsteil Niederuster, südlich des Aabachs und in der Nähe der grossen Baumwollspinnerei-Fabrik von Heinrich Kunz und der Mühle. Niederuster war damals neben Kirch- und Oberuster eine Zivilgemeinde. Diese Orte bildeten zusammen mit weiteren Aussendörfern wie Nänikon oder Freudwil die politische Gemeinde Uster. Niederuster liegt nah am Greifensee und war vor der Industrialisierung ein kleines Bauerndorf gewesen, mit der Kapelle St. Blasius und der Mühle im Zentrum.

Auf seinem Grundstück baute Joseph Lenzlinger 1862 ein Wohnhaus mit einem Schopf und einer Werkstätte. Im selben Jahr waren die Gebäude fertiggestellt und seine Familie zog ein. Somit hatte Joseph im Alter von 38 Jahren sein Ziel erreicht: Er konnte die Geschäftstätigkeit als Zimmermeister aufnehmen. Das Jahr 1862 gilt denn auch für die Firma Lenzlinger als das offizielle Gründungsjahr.

Erfolgreiche Partnerschaft, auch im Geschäft

Durch die Heirat war Joseph Lenzlinger gemäss dem damaligen Recht der eheliche Vormund seiner Frau geworden und vertrat sie nach aussen. Innerhalb der Beziehung waren die Kräfteverhältnisse allerdings anders verteilt: Margaretha war eine starke Persönlichkeit und prägte das Unternehmen von Anfang an mit. Obschon sie nur wenige Jahre die Schule besucht hatte und ab dem zehnten Lebensjahr arbeiten musste, war sie dank ihrer Intelligenz flink im Lesen und Schreiben. Sie besorgte daher alle schriftlichen Arbeiten in Familien- und Geschäftsangelegenheiten. Joseph Lenzlinger verstand viel von der praktischen Seite des Handwerks und konnte auch gut kopfrechnen. Doch «Buchstaben und Zahlen waren ihm fremde Dinge, mit denen er nichts anzufangen wusste», wie es Sophie Hilty-Lenzlinger in ihren Erinnerungen schreibt.

Joseph Lenzlinger war ehrgeizig. Er wollte seine Zeit als wandernder Zimmermann bald vergessen lassen und sich in Uster einen guten Namen schaffen. Die Umstände dafür waren günstig: Die Textilfabriken liefen auf Hochtouren, die Glattalbahn war seit 1856 in Betrieb und verband Uster mit der Stadt Zürich. Dank dieser Eisenbahnverbindung war der Siedlungsdruck in Uster hoch.

Rechnung von Joseph Lenzlinger für Renovationsarbeiten am Dachstock des Hutmachers Wiedmer in Uster, 26. Januar 1866.

Holztransport am Bahnhof Uster, nach 1900. Später wurde für Lenzlinger vor allem das Parkettholz mit der Eisenbahn angeliefert und dann auf Pferdefuhrwerke umgeladen.

Baumeister, Gastwirt und Liegenschaftsverkäufer

Die Anfangsjahre von Josephs Betrieb gestalteten sich hektisch. Um schnellstmöglich Kapital für den Aufbau seiner Firma zu erwirtschaften, betätigte er sich in den 1860er Jahren gleichzeitig als Baumeister von kleinen Wohnhäusern und Scheunen, als Liegenschafts- und Landverkäufer sowie als Gastwirt.

Entlang der heutigen Seestrasse kaufte Joseph Lenzlinger weitere Landparzellen, bebaute diese und veräusserte die Liegenschaften nach kurzer Zeit wieder. Bereits 1864 hatte er sich neben dem ersten Wohnhaus ein neues, grösseres Gebäude an der Seestrasse 99 errichtet. Dies war auch notwendig geworden, weil er damals seine Gesellen noch in Kost und Logis hatte. Zuweilen waren es gegen 20 Mann. Im Wohnhaus betrieb das Ehepaar Lenzlinger eine Weinschenke und Speisewirtschaft. Besucht wurde diese von Arbeitern der nahen Fabriken und auch des eigenen Betriebs. Für die Restauration waren Margaretha und ihre Mutter zuständig. Auch die vier Kinder mussten von früh bis spät im Familienunternehmen mitanpacken.

Anstrengende erste Jahre

Mit seinen Aktivitäten gelang es Joseph Lenzlinger, Schritt für Schritt ein bescheidenes Kapital aufzubauen. Indes waren die Anfangsjahre für das Ehepaar Lenzlinger immens anstrengend, denn es galt nicht nur die Bautätigkeit und die Büroarbeiten zu bewältigen, sondern auch jede Menge Arbeit im Wirtshaus zu erledigen, und das bis zu später Stunde.

1865 war Joseph Lenzlinger schliesslich in der Lage, seinen Betrieb zu erweitern. Er baute auf der anderen Seite des Aabachs, gleich vis-à-vis von seinem Wohnhaus, ein neues Gebäude mit Werkstätte an der Seestrasse 64. Damit hatte er den Grundstein für das bis heute bestehende Lenzlinger-Areal in Niederuster gelegt. Drei Jahre später, im Jahr 1868, zog er mit der Familie auf das Betriebsgelände. Die hektischen ersten Jahre mit diversen Neubauten verschlangen einiges Geld. Doch Joseph Lenzlinger galt von Beginn an bei Banken und Privaten als kreditwürdig. Schon 1862 hatte er sein Wohnhaus und die Werkstätte verpfändet, um von der Bank Leu in Zürich einen Kredit von 2000 Franken zu erhalten. Drei Jahre später beispielsweise gab ihm der Fabrikbesitzer Emil Escher-Hotz ein Darlehen von 14000 Franken, wobei Joseph Lenzlinger wiederum seine Liegenschaften als Sicherheit hinterlegte. Mit dem geliehenen Geld kaufte er jeweils Landparzellen und veräusserte diese teilweise wieder, um Kredite zurückzubezahlen und neue aufzunehmen.

Heinrich Kunz: Der Spinnerkönig Europas

Im 18. Jahrhundert hatte im Zürcher Oberland das Baumwollgewerbe die einheimischen pflanzlichen Fasern Hanf und Flachs verdrängt. Fast in jedem Bauernhaus wurde nun gewoben und gesponnen, was den im Elend lebenden Familien ein bescheidenes Auskommen brachte. Weil es noch keine Handels- und Gewerbefreiheit gab, wurde die importierte Baumwolle im sogenannten Verlagssystem von den Handelsherren in der Stadt Zürich an die Landbevölkerung geliefert, die fertigen Produkte wieder übernommen und mit Gewinn vertrieben. Zwischen die Verleger in der Stadt und die Heimarbeiter auf dem Land schoben sich die sogenannten Träger, Fergger, Tüchler oder Fabrikanten. Als Zwischenhändler übernahmen sie die Transporte der Rohstoffe und brachten es dabei zu Reichtum. Aus dieser ländlichen Unternehmerschicht entsprossen dann eine Vielzahl der Textilfabrikanten des 19. Jahrhunderts, die sich bald auch politisch gegenüber den etablierten städtischen Eliten emanzipierten.

Ein früher und typischer Vertreter dieses ländlichen Unternehmertyps war Heinrich Kunz (1793-1859). Der Sohn eines Bauern und Ferggers aus Oetwil am See (ZH) hatte sich durch Tatkraft, Rücksichtslosigkeit und äusserste Härte gegenüber sich und seinen Arbeitern zu einem der grössten Spinnerei-Industriellen des europäischen Kontinents emporgearbeitet. Vom Volk wurde er respektvoll «Spinnerkönig» oder respektlos «Bauele-Häiri» genannt. In Uster betrieb Kunz zwei Gross-Spinnereien, eine in Oberuster (1816) und eine in Niederuster (1824). Nach seinem Tod – er hinterliess ein für damalige Verhältnisse immenses Vermögen von über 15 Millionen Franken – ging sein Imperium in fremde Hände. Die Fabrik in Niederuster übernahm sein Neffe Emil Escher-Hotz, diejenige in Oberuster Jakob Heusser-Staub (1862-1941). Dieser sollte bald zum führenden Industriellen des Zürcher Oberlandes aufsteigen. In die Hallen der ehemals Kunzschen Fabrik in Niederuster zog 1925 die elektrische Maschinen- und Apparatefabrik Zellweger ein, an der Heusser-Staub die Aktienmehrheit besass.

Die Baumwollspinnerei-Fabrik von Emil Escher-Hotz in Niederuster war ursprünglich im Jahr 1824 von Heinrich Kunz gegründet worden. Unter dem Giebel des fünfstöckigen Fabrikgebäudes hängt die Fabrikglocke, die jeweils den Beginn und das Ende des Arbeitstages ankündete. Aufnahme von Julius Gujer, 1902.

Margaretha Wäckerlin mit ihren vier Kindern Anna Lina, Johann Jakob (Jacques), Johann Edwin und Barbara Emma Lenzlinger, um 1910.

1870 wies Joseph Lenzlinger gemäss dem Steuerregister von Niederuster ein bescheidenes Vermögen von 5 000 Franken und ein jährliches Einkommen von 1 000 Franken aus. Damit rückte er auf die 37. Stelle von 180 Steuerpflichtigen vor.

Konzentration auf das Kerngeschäft
Nach den hektischen Anfangsjahren konnte sich Zimmermeister Lenzlinger ab 1870 auf den bauhandwerklichen Kern seines Berufes konzentrieren. Und er investierte weiter in den Betrieb. Wie aus den Hauptbüchern hervorgeht, lieferte die Firma Lenzlinger Hobelspäne, Laden, Dachlatten, Balken und Böden. Bei grösseren Aufträgen, wie 1873 für die Firma Beder, Kern Co. in Volketswil, wurden auch zusätzliche Arbeiten übernommen, die Joseph Lenzlinger an andere Handwerker vergab.

Wie nachhaltig der soziale Aufstieg der Familie Lenzlinger stattgefunden hatte, zeigt sich auch daran, dass sich Margaretha Lenzlinger nun sogar selbst karitativ betätigte: Von 1871 bis 1880 amtete sie als Präsidentin des Gemeinnützigen Frauenvereins Niederuster. Dieser 1860 gegründete Verein ermöglichte es den wohlhabenderen Frauen, sich ein Stück weit im öffentlichen, von Männern dominierten Leben einzubringen und damit mehr Einfluss zu erhalten. Neben der Aufgabe, die Handarbeitsschule Niederuster zu gründen und zu fördern, stand auch die Armenfürsorge im Fokus des Vereins. Schon kurz nach ihrem Amtsantritt war Margaretha Lenzlinger gefordert, denn es mussten Kleider und Wäsche für das eintreffende Kontingent der Bourbaki-Armee von 700 Soldaten bereitgestellt werden. Diese war im Zuge des Deutsch-Französischen Krieges in die Schweiz geflüchtet. Ein Teil der Soldaten wurde im neuen, noch leerstehenden Spinnerei-Fabrikgebäude der Firma Zangger an der Seestrasse einquartiert.

Vom Dienstmädchen zur Bürgersfrau
Durch Fleiss und Intelligenz war Margaretha Lenzlinger-Wäckerlin vom Dienstmädchen zur starken Partnerin

im Betrieb ihres Mannes und zur sozial engagierten Bürgersfrau in Uster geworden. Gleichzeitig fühlte sie sich nach wie vor als «Zollinger» und vermittelte diesen Familienstolz auch an ihre Kinder. Das Betonen der Zugehörigkeit zum regional angesehenen Zollinger-Geschlecht hat in der Beziehung zwischen Joseph und Margaretha sicherlich zu Spannungen geführt und ihn unter einen gewissen Druck gestellt. Dies mag auch ein Quell für das rastlose Arbeiten von Joseph Lenzlinger gewesen sein. Vermutlich spürte er sein Leben lang den Schatten des ersten Ehemannes und war daher umso bestrebter, durch beruflichen Erfolg seinen eigenen Namen unter Beweis zu stellen und diesen schliesslich an die Stiefsöhne weiterzugeben.

Adoption mit 50 Jahren
Am 30. Dezember 1874 adoptierte Joseph Lenzlinger die Kinder seiner Frau. Diese hatten bis dahin den Namen Zollinger getragen und einen Vormund besessen. Der Grund für die späte Adoption lag im zürcherischen Recht. Dieses liess eine Adoption erst mit Vollendung des 50. Lebensjahres zu. Im März 1874 hatte Joseph Lenzlinger dieses Alter erreicht und bemühte sich nun rasch um die Adoption. Zu dieser Zeit steckte er inmitten des kapitalintensiven Ausbaus seines Betriebs und machte sich frühzeitig Gedanken über die Nachfolgeregelung. Schliesslich gingen seine beiden Stiefsöhne ja auf die Volljährigkeit zu.

Die Adoption war laut Recherchen von Daniel Steck ein kompliziertes Verfahren, bei dem unter anderem der Adoptivvater und die Kinder vor dem Bezirksrat ihren Entschluss, «ein elterliches und kindliches Verhältnis einzugehen», erklären mussten. Die Kindesannahme wurde danach amtlich bekannt gemacht. Mit der Adoption erhielten die Kinder den Geschlechtsnamen des Adoptivvaters und wurden seine gesetzlichen Erben. Nun konnte Joseph Lenzlinger seinen Betrieb an die Söhne weitergeben, so dass auch der Name Lenzlinger erhalten blieb. Zudem war es ihm möglich, einen grösseren Teil des Zollinger-Erbes für das Geschäft zu verwenden. Bereits 1870 hatte er sich vom Vormund der Kinder den Betrag von 5 000 Franken geliehen.

1874 vergrösserte Joseph Lenzlinger seinen bauhandwerklichen Betrieb mit dem Bau eines Sägereigebäudes in seinem Areal an der Seestrasse. Dieser Ausbau dürfte erst im Hinblick auf die Adoption möglich geworden sein. Eigene Kinder gingen aus der Ehe zwischen Joseph und Margaretha Lenzlinger-Wäckerlin nicht hervor – obschon Margaretha bei der Eheschliessung gerade einmal Anfang 30 war. Vielleicht scheute sie nach vier Kindern in fünf Jahren das Wagnis weiterer Schwangerschaften, zumal ihr Mann wohl ambitiös war, aber erst am Anfang seiner beruflichen Entfaltung stand.

Wald als Materialreserve
Mit dem Bau der Sägerei von 1874 zeigte Joseph Lenzlinger, dass er über den kleingewerblichen Zustand als Zimmermann und Schreiner hinausgelangen und den Betrieb vergrössern wollte. Ebenso, und das ist im Vergleich mit anderen Gewerbebetrieben speziell, wollte er die gesamte Wertschöpfungskette kontrollieren, das heisst von der Produktion und Lieferung des Holzes aus eigenen Waldungen über die Verarbeitung in der Sägerei bis hin zum Einbau auf der Baustelle. Möglich war dies, weil sich das Ehepaar Lenzlinger beim Verkauf der Zollinger-Liegenschaft einige Waldparzellen zurückbehalten hatte. Der Waldbesitz sollte in der weiteren Ge-

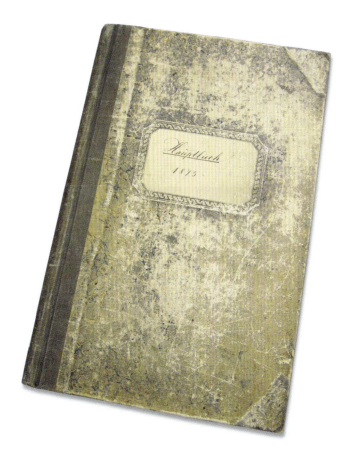

Joseph Lenzlingers Hauptbuch, 1873.

schichte der Unternehmerfamilie Lenzlinger noch lange eine wichtige Rolle spielen.

1875 wurde Joseph Lenzlingers Betrieb als Dampfsägerei im Fabrikverzeichnis eingetragen. Da man bis zum Erwerb der Mühle Niederuster über kein Wasserrecht verfügte, musste Lenzlinger ein Maschinenhaus mit Dampfkessel und Kamin bauen, für dessen Bedienung ein Arbeiter zuständig war. Die dafür benötigte Kohle wurde per Eisenbahn nach Uster transportiert. Mit dem Bau einer Dampfmaschine unterstanden Joseph Lenzlingers Arbeiter dem kantonalen Fabrikgesetz aus dem Jahr 1859. Gemäss den Vorschriften betrug die maximale Arbeitszeit 13 Stunden. Eine Reduzierung auf 11 Stunden und das Verbot der Kinderarbeit erfolgten erst mit dem strengeren eidgenössischen Fabrikgesetz von 1877. Ab Mitte der 1870er Jahre wurde die Lenzlinger-Belegschaft im «Verzeichnis der Arbeiter» erfasst. Dies zeigt, dass sich das traditionelle familiäre Verhältnis zwischen Meister und Gesellen in ein anonymeres Arbeitsverhältnis mit auswärtiger Kost und Logis umgewandelt hatte.

Auf solidem Fundament

Gegen Ende der 1870er Jahre stand Joseph Lenzlingers Betrieb auf solidem Fundament. Aus weitgehend eigener Kraft hatte er sich vom mittellosen Wanderhandwerker zum angesehenen Zimmermeister emporgearbeitet. Mit dem Bau der Sägerei ging er einen ersten Schritt in Richtung gewerblicher Produktion. Und durch den Waldbesitz war er unabhängiger von den Lieferanten und kontrollierte im Kleinen alle Produktionsschritte. Auf Grund seiner guten Vermögensverhältnisse wurde Joseph Lenzlinger am 7. März 1870 von der Zivilgemeinde Niederuster das Bürgerrecht geschenkt. Doch einige Jahre später verzichtete er für sich und seine Frau darauf und blieb Bürger von Mosnang. Der Grund war offenbar, so wird in der Familie überliefert, dass sich Joseph von den Behörden benachteiligt behandelt fühlte.

Gleichwohl war es dem zugezogenen Ehepaar Lenzlinger gelungen, sich in Uster binnen kurzer Zeit unternehmerisch und gesellschaftlich zu festigen. Freilich profitierten sie auch von guten Standortbedingungen im Fabrikort Uster und vor allem von der baulichen Entwicklung. Doch die entscheidende Prüfung für die Weiterexistenz des Betriebs stand noch bevor: Denn nun galt es, das Erbe an die nächste Generation weiterzugeben.

Starke Frau im Hintergrund

Mit seinen zahlreichen Aktivitäten begründete der Stammvater Joseph Lenzlinger die Firmentradition, sich durch verschiedene Standbeine Kontinuität im stark konjunkturabhängigen Baugewerbe zu schaffen. Der Waldbesitz war nicht nur unternehmerisches Kapital, sondern symbolisierte auch die Bodenständigkeit und Solidität des Betriebs. Eine entscheidende Rolle bei diesem Erfolg spielte seine Ehefrau Margaretha Lenzlinger-Wäckerlin: Mit ihrer praktischen Intelligenz, ihrer Zielstrebigkeit und ihrem Fleiss war sie von Anfang an die starke Person im Hintergrund. Sie führte die Geschäftsbücher und trug damit massgeblich zum Ausbau des Betriebs bei. Ihr Festhalten an der Zollinger-Tradition, ihre Ambition und ihr Wille zum sozialen Aufstieg setzten Joseph Lenzlinger zwar einerseits unter Druck. Andererseits war ihm dies aber eine starke Motivation, dem Namen Lenzlinger zu Anerkennung zu verhelfen.

Verkauf an die Söhne

Am 4. Dezember 1880 verkaufte Joseph Lenzlinger im Alter von 56 Jahren mit Zustimmung seiner Frau das Geschäft an seine beiden Söhne. Der 24-jährige Johann Jakob und der 22-jährige Johann Edwin mussten für die Liegenschaften, das Bauland und diverse Waldstücke 57 700 Franken bezahlen. Davon wurden ihnen 20 000 Franken aus dem Erbe ihres verstorbenen leiblichen Vaters Jakob Zollinger angerechnet.

Nach dem Verkauf zog sich Joseph Lenzlinger weitgehend ins Privatleben zurück und überliess den Söhnen die Führung des Betriebs. Im kleinen Umfang betrieb er noch den Grundstückshandel und kümmerte sich um den Waldbesitz. Joseph Lenzlinger verstarb am 27. Mai 1900 «um neun Uhr nachmittags» an einem «Nieren-Carcinom», so der Eintrag im Zivilstandsregister. Am 31. Mai wurde er auf dem Friedhof Uster beerdigt. Seine Frau Margaretha überlebte ihn um 17 Jahre. Sie starb am 20. März 1917, im hohen Alter von 87 Jahren. Todesursache war laut dem Arzt «Lungenblähung, Bronchitis und Altersschwäche». Ihre letzte Ruhe fand sie ebenfalls auf dem Friedhof Uster.

Blick auf das Lenzlinger-Firmengelände. Links im Bild befinden sich hölzerne Werkshütten (Zimmerei und Sägerei), Schuppen und ein Bienenhaus. Im Vordergrund ist die Seestrasse und das kanalisierte Bett des Aabachs zu sehen, im Hintergrund links das Haupthaus und das Ökonomiegebäude der Mühle Nieder-uster. Aufnahme von Julius Gujer, 1902.

Jacques und Johann Edwin Lenzlinger: Vielfalt und Erweiterung (1880-1918)

Porträt von Jacques (Johann Jakob) Lenzlinger.

Nachdem Joseph Lenzlinger das Unternehmen 18 Jahre lang geleitet hatte, übernahmen seinen beiden Stiefsöhne im Jahr 1880 den Betrieb. Es sollte eine für das Baugewerbe überaus günstige Zeit folgen: Die Verdichtung des Eisenbahnnetzes verkürzte die Reisezeiten und erhöhte die Mobilität. Und aufblühende Branchen wie die Maschinenindustrie, die chemische und die Elektroindustrie schufen Arbeitsplätze und trieben die Verstädterung voran. 1888 gab es in der Schweiz erstmals mehr Einwanderer als Auswanderer. Dabei profitierte der Kanton Zürich besonders. Während die Hochbauinvestitionen zwischen 1880 und 1896 schweizweit auf das Zweieinhalbfache anstiegen, verfünffachten sie sich im Kanton Zürich – von 9 Millionen Franken auf 46 Millionen Franken. Auch Uster musste wachsen und seine Infrastruktur ausbauen, um den gestiegenen Ansprüchen seiner Bewohner und der Wohnungsnachfrage durch die Zuwanderung wirksam begegnen zu können.

Suche nach erfolgreichen Ehepartnern

Margaretha Lenzlinger-Wäckerlin war darauf bedacht, ihren Kindern eine gute Zukunft zu ermöglichen. Sie bemühte sich darum, dass die beiden Töchter erfolgreiche Ehepartner fanden. Die älteste, Barbara Emma, verheiratete sich 1878 mit dem vermögenden Landwirt und Kantonsrat Salomon Keller von Niederuster. Deren Sohn Arnold sollte später Bauvorstand von Uster werden und mit seinem Baugeschäft eng mit den Lenzlingers zusammenarbeiten. Anna Lina, die jüngere Lenzlinger-Tochter, vermählte sich ebenfalls 1878, und zwar mit Jacques Müller aus Zimikon-Volketswil (ZH). Er war verwitwet und betrieb in Biel ein Handels- und Papeteriegeschäft. Sein Vater war Bauer und Viehhändler gewesen. Der Enkel von Jacques und Anna Müller-Lenzlinger, Maurice E. Müller (1918-2009), wurde einer der weltweit bedeutendsten Orthopäden. Der zwölffache Ehrendoktor war auch Gründer der Firma Protok AG zur Herstellung von Hüftprothesen (später Sulzer) und Stifter des Paul Klee-Museums in Bern.

Unterwegs in Frankreich und Belgien

Bei den beiden Söhnen sorgte das Ehepaar Lenzlinger für eine solide

Ausbildung. Der ältere, Jacques, ging für ein Austauschjahr ins Welschland. Nach dem Sekundarschulabschluss liess er sich im Betrieb des Vaters als Zimmermann ausbilden. In Basel vertiefte er seine Kenntnisse auf dem Gebiet der Architektur und bildete sich in Zürich als Bauzeichner weiter. 1877 ging der 21-jährige Jakob Lenzlinger auf die Walz nach Frankreich und Belgien. Arbeit fand er in Strassburg, Nancy, Brüssel und Antwerpen. Seither sprach er seinen Vornamen nur noch französisch aus.

Später erzählte Jacques noch oft von seinen Eindrücken, wenn auch mit gemischten Gefühlen. Besonders missfallen hatte ihm, so wird es in der Familie erzählt, die leichte Lebensart der Franzosen und Belgier, die er nicht gutheissen konnte.

Studentischer Lebensstil aus Deutschland

Der jüngere Bruder von Jacques, Edwin, wählte einen etwas anderen Weg. Auch er machte zunächst eine Zimmermannslehre im väterlichen Betrieb. Danach besuchte er die älteste Baugewerkschule Deutschlands, die sich in Holzminden im Herzogtum Braunschweig (heute Niedersachsen) befand. Edwin war ein lebensfroher, stattlicher junger Mann, der sich mit allen gut verstand und auch zu feiern wusste. Neben den fachlichen Fähigkeiten brachte er aus Deutschland auch einen studentischen Lebensstil mit, wie sich Sophie Hilty-Lenzlinger kritisch erinnert: «Die Freude am Tanzen, Singen und Trinken ist an sich nichts Böses, solange sie nicht zur Leidenschaft wird. Aber in der Regel geht der rechte Massstab verloren in der fröhlichen Gesellschaft.» Jacques hingegen verkörperte mehr den frommen Asketen, der seine Bestätigung im Lohn der Arbeit fand.

Der Asket: Jacques Lenzlinger.

Nach seiner Rückkehr nach Uster verheiratete sich der 21-jährige Edwin Lenzlinger am 11. März 1879 mit Margaretha (Gritte) Müller (1859–1924). Sie war die Schwester seines Schwagers Jacques Müller. Das Paar hatte zehn Kinder. Zwei davon verstarben schon im frühen Alter. Ein Enkel, Hans-Ulrich Lenzlinger, wurde später eine schillernde Figur und erregte in den 1970er Jahren schweizweite Aufmerksamkeit durch seine Tätigkeit als Fluchthelfer von DDR-Bürgern (NZZ vom 16. Oktober 2000). Ein weiterer Enkel, Edi, sollte sich in Shanghai als erfolgreicher Tiefbau-Ingenieur profilieren.

Weil Margaretha Müller das gleiche Temperamet wie Edwin hatte, verlief die Ehe «stürmisch». Der ruhigere Jacques hingegen blieb vorerst ledig und wohnte weiterhin im elterlichen Haushalt.

Der Genussmensch: Johann Edwin Lenzlinger, um 1885.

Wichtige Geschäftsentscheide

Drei Jahre nach der Geschäftsübernahme, im Jahr 1883, fällten die Brüder Jacques und Edwin Lenzlinger wichtige Entscheide. Zunächst wandelten sie am 16. Januar die Einzelfirma «Joseph Lenzlinger» in die Kollektivgesellschaft «Gebrüder Lenzlinger» um. Danach erwarben sie am 31. August die Mühle Niederuster aus der Konkursmasse von Johann Heinrich Bünzli-Sallenbach. Verkäuferin war die Zürcher Kantonalbank.

Die Mühle war nicht nur der Kristallisationskern einer erstaunlichen Industrieagglomeration auf kleinstem Raum, wie Peter Surbeck schreibt, sondern auch Ursprung des Oberdorfes von Niederuster. Gemäss dem Kaufbrief zahlten Jacques und Edwin Lenzlinger für die Mühle den stolzen Preis von 74 000 Franken. Sie bestand laut Vertrag aus einem Wohn- und Mühlegebäude mit einem eisernen Wasserrad von 5.3 Meter Durchmesser, einer Scheune und einem Wasserradgebäude. Weiter gehörten dazu ein Ökonomiegebäude, das bislang als Sennhütte mit Schweineställen gedient hatte, sowie mehrere hundert Aaren Land und Waldparzellen. Im Ökonomiegebäude wurden fortan die Pferde untergebracht, welche die Holzladungen zur Sägerei transportierten. Im ersten Stock des Wohnhauses befand sich eine kleine Speisewirtschaft. Diese führten die Brüder Lenzlinger bis 1889 selbst weiter, danach wurde sie verpachtet und im Jahr 1893 schliesslich geschlossen.

Die jahrhundertealte, renovationsbedürftige Mühle war ein letzter bedeutender Zeuge des ehemaligen Bauerndorfes Niederuster. Sie wieder umfassend instand zu setzen, war jedoch nicht die Absicht der Brüder Lenzlinger. Was die Mühle für sie attraktiv machte, war das zu ihr gehörige Wasserrecht Nr. 40.

Holzbearbeitung mit der Kraft des Wassers

Wo eine Wassermühle stand, siedelten sich in der Regel auch Betriebe wie Sägereien und Fabriken an. Regelmässig kam es dabei zu Konflikten um die Wassernutzung, so auch bei der Mühle Niederuster. Hier stritt sich der Müller mit den Fabrikanten Kunz und Zollinger. Gemäss dem Kaufbrief von 1883 mussten sich auch die Brüder Lenzlinger an komplizierte Auflagen halten, um das ihnen zustehende Wasserrecht nutzen zu können.

Schon einen Tag nach dem Kauf der Mühle, am 1. September 1883, bewilligte der Gemeinderat von Uster, dass die Brüder Lenzlinger eine Transmissionsanlage von der Mühle über die Sonnenbergstrasse bis zur 120 m entfernten Sägerei bauen durften.

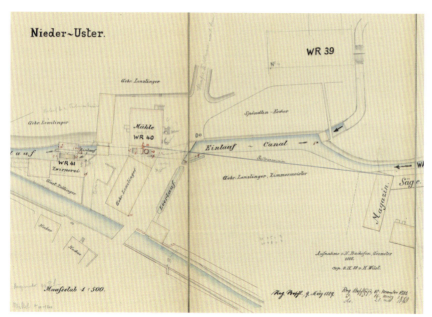

Plan der Mühle Niederuster mit der Seiltransmission von der Mühle zur Lenzlinger-Sägerei, erstellt vom Geometer H. Bachofen, 1885.

Über zwei Transmissionsräder und mit Hilfe eines Drahtseiles konnte damit die Energie des Wasserrades für das Zersägen des Holzes nutzbar gemacht werden. So wurde die Sägerei unabhängig von der Dampfkraft. Weil aber die Leistung des unterschlächtigen Wasserrades auf Dauer zu schwach war, schaffte Jacques Lenzlinger 1896 eine Jonval-Turbine der Winterthurer Firma Rieter für den Preis von 9720 Franken an. Diese sollte bis 1967 ihren Dienst tun und kann heute gegenüber der Mühle auf dem «Industrielehrpfad Zürcher Oberland» besichtigt werden.

Für die Brüder Lenzlinger war der Zugang zum Aabachwasser von grosser Bedeutung. Dank der Wasserkraft-Nutzung konnten sie ihre Sägerei und Zimmerei effizienter betreiben. Zugleich zeigten sie auf, dass sie sich als handwerklicher Betrieb im Fabrikstandort Niederuster definitiv etabliert hatten. 1891 wurde die Firma «Gebrüder Lenzlinger» in der Fabrikliste als Sägerei- und Baugeschäft eingetragen und beschäftigte rund 20 Arbeiter.

Eine christliche Gefährtin

Im Alter von 34 Jahren fand Jacques Lenzlinger «eine christliche Gefährtin, die ihm als Ziel seiner Wünsche erschien», so seine Tochter Sophie: Am 29. September 1891 vermählte er sich mit der 26-jährigen Bertha Guyer (1864-1928). Sie war die Tochter des angesehenen Eisenwarenhändlers Johannes Guyer und der Wilhelmina Brugger aus dem Weiler Ottenhausen im Zürcher Oberland. Bertha Guyer war über ihre Tante verwandt mit der Familie Bartenstein. Diese stammte

Die Jonval-Turbine der Winterthurer Firma Joh. Jacob Rieter aus dem Jahr 1896 war bei der Firma Lenzlinger bis 1967 in Betrieb. Heute befindet sie sich als Objekt des Industrielehrpfades gegenüber der Mühle.

Die vier Kinder von Jacques und Bertha Lenzlinger-Guyer: Jakob, Sophie, Hans und Max, ca. 1907.

aus dem Vorarlberg und war ab 1887 Inhaberin der Brauerei Uster, die 1978 durch die Brauerei Hürlimann übernommen wurde. Auch hier pflegte man berufliche Kontakte. Aus Sicht ihrer Tochter Sophie führten Jacques und Bertha Lenzlinger eine «sehr glückliche Ehe», denn «unsere Mama wusste sich den einfachen Verhältnissen und den Eigenarten ihres Mannes in feiner Art anzupassen.» Gleichzeitig genoss sie die stete Verehrung und Hochschätzung von Jacques.

Die beiden führten ein sittenstrenges Leben, waren massvoll beim Essen und Trinken und von tiefer Religiosität geprägt. Aus der Ehe gingen vier Kinder hervor, drei Söhne und eine Tochter. Jeden Abend sass die Familie «in trauter Gemeinschaft um den Stubentisch» und hörte einen Abschnitt aus dem Andachtsbuch. Während der Tochter Sophie als Vorleserin diese Abende zur Richtschnur wurden, gingen die Brüder, so ihre Beobachtung, unterdessen anderen Gedanken nach.

Die Ehe von Edwin Lenzlinger mit Gritte Müller verlief laut Sophie Hilty-Lenzlinger weiterhin weniger harmonisch: Die Partner waren zwar beide tüchtig, aber aufbrausend, so ihr Urteil. Dies mag ein Grund dafür gewesen sein, dass auch die geschäftliche Beziehung der ungleichen Brüder immer schwieriger wurde. Ausserdem waren sich Jacques und Edwin über die weitere Ausrichtung des Betriebs uneins.

Holz oder Stein?

Ab den 1890er Jahren herrschten in der Bauwirtschaft goldene Zeiten. 1880 hatte die gesamte Lohn- und Gehältersumme bei der Firma Lenzlinger noch lediglich 5 500 Franken betragen. Zehn Jahre später hatte sich die Summe verfünffacht und erreichte 1898 die bislang einmalige Höhe von 36 500 Franken. Erst 23 Jahre später sollte diese Zahl wieder übertroffen werden. Aus der guten Baukonjunktur wollten auch die Gebrüder Lenzlinger einen Nutzen ziehen und sich nicht bloss als Zimmerleute, sondern auch als Baumeister hervortun. Johann Edwin wollte allerdings mit Stein bauen, zumal die alten Holzhäuser und Scheunen in Uster immer mehr den steinernen Industrie- und Wohnbauten wichen. Jacques hingegen fühlte sich der Zimmermanns-Tradition verbunden und setzte weiterhin auf das Material Holz.

Die Brüder waren sich über den Kurs der Firma dermassen uneins, dass Jacques im Jahr 1892 über eine Auflösung der Kollektivgesellschaft nachdachte. Auch privat war es ein schwieriges Jahr für ihn; seine erste Tochter wurde im November tot geboren. Ein Jahr später trennten sich die Brüder definitiv. Doch sie gingen in Frieden auseinander: Edwin liess sich gemäss dem «Auskaufsvertrag» vom 1. Juni 1893 die Summe von 37 000 Franken auszahlen. Jacques nahm dafür einen Kredit bei der Schweizerischen Volksbank in der Höhe von 27 000 Franken auf. Johann Edwin liess sich dann mit seiner Familie in der Stadt Zürich nieder und gründete ein eigenes Baugeschäft. Nach geschäftlichen Problemen – das Wohnhaus in der Wehntalerstrasse musste verkauft werden – verlegte sein gleichnamiger Sohn den Betrieb später nach St. Gallen. Ab 1893 führte Jacques das väterliche Unternehmen unter der Bezeichnung «Jacques Lenzlinger» allein weiter.

Prokura für die Ehefrau

Seine Ehefrau, Bertha Lenzlinger-Guyer, erhielt die Prokura. Dies war fair, denn sie hatte es ihrem Ehemann ermöglicht, das beträchtliche Erbe ihres im selben Jahr verstorbenen Vaters für den Aufbau des Geschäfts zu verwenden. Bertha Lenzlinger-Guyer war also eine weitere starke und zielstrebige Frau in der Geschichte des Unternehmens Lenzlinger. Wie ihre Schwiegermutter war auch sie Präsidentin des Frauenvereins Niederuster und dies 22 Jahre lang, von 1898 bis 1920. Dabei unterstützte sie während der Kriegsjahre besonders Soldaten und bedürftige Familien.

Nach der Trennung der beiden Brüder begann sich Jacques Lenzlinger in Niederuster und Umgebung rasch als Erbauer von Einfamilienhäusern zu profilieren. Damit führte er die Baumeistertätigkeit fort, die sein Vater aufgenommen hatte. Zu Gute kam Jacques, dass Uster weiterhin stark wuchs. Mit der Fertigstellung der Seestrasse im Jahr 1884 wurde der Ortsteil Niederuster mit seinen Fabriken direkt an den Bahnhof Uster angeschlossen. Der Boden entlang dieser zentralen Transitachse gewann schnell an Wert und sollte bald überbaut werden. Die prägenden Baumeister waren dabei der aus Como stammende ehemalige Maurer Antonio Bianchi-Frei (1851-1895) und Jacques Lenzlinger.

Spezialisierung im Chaletbau

Bianchi realisierte in Uster Dutzende von Einfamilienhäusern, etliche Geschäftsbauten und die katholische Kirche. Jacques Lenzlinger und seine Söhne planten und erstellten zwischen 1890 und 1945 in Niederuster und in den umliegenden Gemeinden wie Dübendorf, Dietlikon, Schwerzenbach, Wetzikon sowie in der Stadt Zürich sogar mehr als 100 Bauten. Dies waren vorwiegend Einfamilienhäuser aus Holz. Allein in Uster entstanden um die 50 Gebäude, die Jacques Lenzlinger und seine Söhne schlüsselfertig erstellten.

Jacques Lenzlingers Spezialität war der Bau von Chalets, die er dank seiner Architektur- und Bauzeichner-Ausbildung selber planen und in der

Ansicht der Chalet-Siedlung von Jacques Lenzlinger im Wil (Niederuster). Im Bild zu sehen sind die Häuser an der Seestrasse, von links: 46, 44, 42, 40 und 38.

Jugendfest vom 6. Juli 1902 anlässlich der Weihe des neuen Schulhauses Niederuster. Die beiden Chalets links und in der Mitte im Bild stammen von Jacques Lenzlinger, Seestrasse 42 und 38. Aufnahme von Julius Gujer.

eigenen Sägerei und Schreinerei produzieren konnte. Auch der Verkauf der Chalets lag in seinen Händen. Somit war er das, was man heute als Generalunternehmer bezeichnen würde.

Arbeitersiedlung aus Holzhäusern

1893 errichtete Jacques Lenzlinger an der heutigen Seefeldstrasse 15, rund 300 Meter vom Firmenareal entfernt, sein erstes Einfamilienhaus und verkaufte es an einen Herrn Emil Berchtold. Der Schwerpunkt von Lenzlingers Bautätigkeit lag im Gebiet Wil in Niederuster, zwischen der See- und der Forchstrasse. Hier kaufte er ab 1895 Land, parzellierte es und baute darauf seine Chalets. Das Gebiet erschloss Jacques Lenzlinger von der Seestrasse her durch zwei neu angelegte Querstrassen, nämlich durch die Berner- und die Jakobstrasse. Die erstere wurde nach der aus der Region Bern bekannten Holzbauweise benannt, die zweitere nach ihm als Bauherrn. Die von Jacques Lenzlinger im Schachbrettmuster angelegte Arbeitersiedlung umfasste über 25 Einzelchalets. Sie existieren teilweise noch heute.

Die Käuferschaft der Lenzlinger-Chalets waren zumeist Arbeiter aus dem eigenen Betrieb oder der umliegenden Fabriken. Sie zahlten für die Häuser durchschnittlich 6000 Franken. In der Regel mussten sie einen Fünftel der Kaufsumme bar bezahlen, den Rest erhielten sie als Darlehen von Jacques Lenzlinger zu einem Zins von vier Prozent. Liegenschaften, welche direkt an der Seestrasse lagen, waren allerdings um einiges teurer. So bezahlte ein Schlosser dort für ein Lenzlinger-Haus 17 500 Franken.

Die Elemente für die Chalets, wie Balken, Täfer und Schalungen, produzierte Jacques Lenzlinger selber und baute sie dann vor Ort zusammen. Auch die Böden aus Hartholz, anfangs Dielen und später dann Parkett, wurden im Betrieb hergestellt und anschliessend verlegt. Für die Kellerräume erhielten die Chalets einen gemauerten Sockel. Ab dem ersten Stock wurde dann in Holz gebaut. Dort befanden sich die Küche und das

Jacques Lenzlinger und seine Söhne planten und bauten zwischen 1893 und 1933 in Uster und Umgebung mehr als 100 Häuser. Die meisten davon waren Chalets.

Wohnzimmer, oft mit einem Kachelofen. Der zweite Stock beherbergte die Schlafräume. Die Räume wurden rund um die Treppe angelegt. Die Chalets waren in der sogenannten Ständerbauweise errichtet, einer traditionellen Holzbautechnik mit Pfosten in den Wänden als tragende Elemente über mehrere Stockwerke.

Eigenheim statt Kosthäuser
Gemäss der Historikerin und Kunsthistorikerin Claudia Fischer-Karrer kann Jacques Lenzlinger im Raum Zürich als ein früher Vertreter der Eigenheimbewegung bezeichnet werden. Originell an seiner Chalet-Siedlung in Niederuster ist, dass er das Konzept der klassischen Arbeitersiedlung mit Elementen des damals innovativen Gartenstadtmodells und des populären Schweizer Holzstils kombinierte. Die symmetrische Bauweise der Chalets mit eingezäunten Vor- und Rückgärten ergab eine geschlossene Einheit in Anlehnung an die damals aus England aufkommende Gartenstadt-Idee, so Claudia-Fischer-Karrer. Gleichwohl bot die schachbrettartige Anlage Raum für Individualität, zumal die Chalets unterschiedlich gebaut waren.

Viele Schweizer Industrielle des 19. Jahrhunderts, wie Bally, Rieter, Suchard oder Heinrich Walder-Appenzeller erstellten für ihre Arbeiter Kost-, Miets- und Reiheneinfamilienhäuser. Oft bildeten diese mit den Fabrikgebäuden und der Direktorenvilla ein in sich geschlossenes Ensemble. Arbeiterhäuser wurden nicht nur aus Gründen der Rentabilität und der sozialen Kontrolle gebaut, sondern auch aus dem Selbstverständnis der Unternehmer als Patron heraus. Während Kost- und Mietshäuser primär für zugewanderte, ortsfremde Arbeiterfamilien konzipiert waren, baute man Reiheneinfamilienhäuser vor allem für Ortsansässige. Es ist anzunehmen, dass Jacques Lenzlinger auf seiner Gesellen-Wanderschaft durch das Elsass auch die «Cités ouvrières» der Textilindustriellen von Mulhouse gesehen hat und sich von diesen für Frankreich prototypischen Arbeitersiedlungen beeindrucken liess.

Gelungener Stilmix und sozialreformerischer Anspruch
Mit seinen Chaletbauten verfolgte Jacques Lenzlinger einen ebenso unternehmerischen wie auch sozialreformerischen Zweck. Die Arbeiter sollten sich als Ausgleich zur harten und oft monotonen Arbeit in den Fabriken und den Gewerbebetrieben in den eigenen vier Wänden wohlfühlen und durch den Anbau von Gemüse und Obst im eigenen Garten gesund ernähren können. So sollte die Arbeitersiedlung auch ein Ort der Hygiene, der Gesundheit und der Natur- und Heimatverbundenheit sein, ganz Jacques' eigenen Überzeugungen von einem guten Leben entsprechend.

Im Gegensatz zu den industriellen Chaletproduzenten arbeitete Jacques Lenzlinger noch weitgehend handwerklich, was ihm eine grössere Individualität der Häuser ermöglichte. Repräsentative Elemente wie Erker, geschwungene Formen und Zierelemente wurden sparsam, aber wirkungsvoll eingesetzt. Dafür lagen die Preise über dem Durchschnitt der grösseren Produzenten. Jacques Lenzlingers Arbeitersiedlung kann als ambitioniertes Projekt mit sozialem Anspruch bezeichnet werden. Architektonisch zeichnen sich die Häuser durch einen gelungenen Stilmix aus. Die Tatsache, dass viele von ihnen noch heute stehen, beweist die solide Bauweise. Jacques Lenzlinger verband somit städtebauliche Ambition, erfolgreiches Unternehmertum und Idealismus zu einem stimmigen Ganzen.

Die architektonischen Vorbilder von Jacques Lenzlinger

Das Hauptwerk des Architekten Jacques Gros: das Grand Hotel Dolder in Zürich, aufgenommen von Julius Gujer, 1903.

Ein Architekturtrend, der Jacques Lenzlinger beeinflusste, war das aus England kommende Konzept der Gartenstadt. Dieses wurde durch den englischen Genossenschaftssozialisten Sir Ebenezer Howard (1850-1928) mit seinem Buch «Garden Cities of To-Morrow» populär gemacht. Darin forderte er den Bau von genossenschaftlich organisierten, in konzentrischen Kreisen angelegten Städten mit Infrastruktur und viel Grünflächen. Dies sollte eine Antwort auf die wuchernden Grossstädte mit ihren düsteren Fabriken und Mietskasernen sein. Auch auf dem europäischen Festland verfolgten «Gartenstadtgesellschaften» solche Ideen und realisierten in abgeänderter Form Einfamilienhaus-Vororte. Die einzige konsequent ausgeführte (1919-21) und noch heute bestehende Gartenstadt der Schweiz heisst «Freidorf» und befindet sich im basellandschaftlichen Muttenz.

Deutlich beeinflusst war Jacques Lenzlinger aber auch vom Schweizer Holzstil, in dem er seine Chalets erbaute. Dabei handelt es sich um eine Technik, die seit den 1850er Jahren zunächst bei Tourismus- und dann auch bei Wohnbauten angewendet wurde. Der Schweizer Holzstil wurde vom Basler Historismus-Architekten Jacques Gros (1858-1922) am markantesten vertreten. Der aus Landstuhl (heute Rheinland-Pfalz) stammende und in Zürich arbeitende Architekt erbaute neben diversen Chalets, Villen und Landhäusern in Holzbauweise auch das Grand Hotel Dolder (1897) und das alte Waldhaus Dolder in Zürich. Einige Chalets und Wochenendhäuser entwarf er auch für Jacques Lenzlinger. Auf akademischer Ebene war es Professor Ernst Gladbach (von Darmstadt, ab 1893 Bürger von Zürich), der sich am Eidgenössischen Polytechnikum intensiv mit der Schweizer Holzarchitektur beschäftigte und diese popularisierte.

Seine Blütezeit erlebte der Holzstil an der Wende zum 20. Jahrhundert.

Briefkopf von Jacques Lenzlinger aus dem Jahr 1905.

Als «Schweizer Stil», «Swiss style» oder «style chalet suisse» erfreute sich diese Bauweise auch im Ausland grosser Beliebtheit. Das urtümliche Berner Oberländerhaus galt als das Schweizer Haus schlechthin. Bereits der Genfer Philosoph Jean-Jacques Rousseau hatte das Chalet als Symbol für Freiheit, Demokratie und Naturverbundenheit gepriesen. Wie die Historikerin Barbara Frutiger in ihrer Arbeit über die schweizerische Hotelarchitektur schreibt, zeichnen sich die Bauten des Schweizer Holzstils durch kubische Erscheinung und klassizistische Klarheit aus, meist unter einem Satteldach. Die Häuser haben oft breite Veranden, Balkone und Lauben mit filigranen Laubsägearbeiten an der Aussenfront. An der schweizerischen Landesausstellung von 1883 in Zürich und der Weltausstellung von 1900 in Paris erfreute sich der Schweizer Holzstil grosser Beliebtheit. Es ist anzunehmen, dass Jacques Lenzlinger den Holzstil nicht nur aus der Literatur, sondern auch bei seinem Besuch der Zürcher Landesausstellung näher kennengelernt hat und Elemente davon bei seinen Bauten verwendete.

Lenzlinger war aber beileibe nicht der einzige, der mit dieser Technik arbeitete: In der zweiten Hälfte des 19. Jahrhunderts nahmen in der Schweiz diverse Chalet- und Parkettfabriken den Betrieb auf, so in Interlaken, Kägiswil, Chur, Davos und Aigle. Grossproduzenten boten Holzbauten, Parkettböden und auch Laubsägeornamente als Serienproduktion an. Auf Grund seiner baulichen Eigenschaften eignete sich das Chalet ideal für die halbindustrielle Vorfertigung und den Versand in Einzelteilen per Eisenbahn. Dies begünstigte nicht nur eine starke Verbreitung solcher Bauten in der Schweiz – fabrikmässig gefertigte Chalets konnten ab Katalog für rund 15000 Franken gekauft werden – sondern auch den Grossexport.

Gleichwohl ist der Holzstil nicht mit dem etwas später erscheinenden Heimatstil zu verwechseln, wenn auch die Grenzen nicht immer klar zu ziehen sind. Der Holzstil wurzelt im Historismus des 19. Jahrhunderts, in der Suche des Bürgertums nach kultureller Identität und Legitimität im Zuge der Nationalstaatsbildung. Der Heimatstil hingegen entstand im frühen 20. Jahrhundert, war fortschrittsskeptisch und stellte den Schutz und die Förderung heimischer Bautraditionen und Baustoffe in den Mittelpunkt. In diesem Umfeld erfolgte auch die Gründung des Schweizer Heimatschutzes im Jahr 1905.

Jacques und Bertha Lenzlinger-Guyer mit ihren vier Kindern: Hans, Jakob, Max und Sophie. In der Mitte: die Grossmutter Margaretha Lenzlinger-Wäckerlin, um 1910.

Der Wald als Leidenschaft

Als Baumaterial für seine Chalets erwarb Jacques Lenzlinger kein geschnittenes Holz, sondern ging, wie schon sein Adoptivvater, dazu über, stehende Waldungen anzukaufen, um das Holz in seiner Sägerei zu verarbeiten. Dies führte zu einem hohen Kapitalbedarf. Um 1930 zählte Jacques Lenzlinger rund 45 Hektar Wald im Kanton Zürich zu seinem Besitz. Weitere Hektaren hatte er bereits seinen Kindern geschenkt. Waldstücke besass er in Oberuster und Nänikon sowie in den umliegenden Gemeinden, wie Seegräben, Gossau, Mönchaltdorf, Fischenthal und Sternenberg.

Der Aufbau und die Pflege des Waldes waren die Lebensarbeit von Jacques Lenzlinger. Jeden Franken steckte er in Waldkäufe. Jacques' Liebe zum Wald äusserte sich auch im obligaten Sonntagsspaziergang. Dieser langweilte den Nachwuchs, zumal man den Vater beim vorgängigen schwarzen Kaffee und den Gesprächen mit der «besseren Gesellschaft» im Hotel Usterhof nicht begleiten durfte. Erst als jedes der Kinder im Jahr 1910 ein Stück Wald als Geschenk erhalten hatte, bekam die Sache für sie mehr Interesse. «Er sagte oft», so seine Tochter Sophie, «wenn die Väter nicht sparen und anpflanzen, hätten weder Kinder noch Enkel etwas.»

Der Wald war nicht die einzige Leidenschaft von Jacques Lenzlinger. Er interessierte sich auch für Naturheilkunde und war Mitbegründer des Naturheilvereins Niederuster. Die Familie ernährte sich gesundheitsbewusst und vegetarisch. Am Abend wurde in der Stube jeweils geturnt und Sonntag morgens wurden die Kinder mit kaltem Wasser gewaschen, um sie zu kräftigen. Gleichwohl wehrte sich der Nachwuchs und floh vor diesen Abhärtungsversuchen auf die Winde, in die Laube oder den Keller.

Erfolg trotz Baukrise

Um 1895 trat in der Stadt Zürich eine Überhitzung am Immobilienmarkt auf, was zu einer mehrjährigen Baukrise führte, die sich ebenfalls auf die Landschaft und die umliegenden Kantone ausbreitete. Auch im Betrieb von Jacques Lenzlinger fiel die Gesamtsumme der Löhne und Gehälter nach dem Spitzenjahr 1898 beträchtlich und pendelte sich in der Folgezeit bei rund 25 000 Franken ein. Dazu kam eine lokale Wirtschaftskrise um 1900 in Uster, bedingt durch den sukzessiven Niedergang der Baumwollindustrie mit Zusammenbrechen von Firmen und Übernahmen von Betrieben. Jacques Lenzlinger war aber auch in diesen Jahren mit seinen Einfamilienhausbauten gut ausgelastet. Denn deren Nachfrage unterlag im Unterschied zu Geschäftsbauten und Mehrfamilienhäusern weniger der Spekulation und war deshalb robuster gegenüber konjunkturellen Schwankungen.

Schwere Kriegsjahre

Als 1914 der Erste Weltkrieg ausgebrochen war, baute Jacques Lenzlinger in einem seiner Waldstücke am Berg Hörnli eine solide Hütte und brachte Lebensmittelvorräte hin. «Wir betrachteten die Hütte ganz als unser Réduit», schreibt seine Tochter Sophie. Auch im elterlichen Haus schuf er einen Keller mit Geheimzugang, wo er Lebensmittel und Silbergeld versteckt hielt. Seine Frau Bertha half indessen als Präsidentin des Frauenvereins beim Einrichten einer Suppenküche im Schulhaus. Als die Nahrungsmittel während der Kriegsjahre knapp wurden, nutzte die Familie Lenzlinger auch ihr Bauland, um Gemüse, Mais für die Hühner und Gänse sowie Hafer für die Pferde anzupflanzen. Die schwere Grippe-Epidemie zum Ende des Kriegs mit Tausenden von Toten in der Schweiz überstand die Familie unbeschadet. Jacques Lenzlinger schrieb dies der gesunden, fleischlosen Ernährung zu.

Für den Betrieb waren die Kriegsjahre eine harte Zeit. Etliche von Jacques Lenzlingers Arbeitern hatten Militärdienst zu leisten, so dass er für kurzfristige Arbeiten zusätzlich Leute anstellen musste. Die Summe von Löhnen und Gehältern sank auf das Niveau der 1880er Jahre und auch der wichtige Einfamilienhausbau kam praktisch zum Erliegen.

Betriebsübertragung an die drei Söhne

Im Oktober 1918, Jacques war nun immerhin bereits 62 Jahre alt, entschloss er sich, die Firma an seine drei Söhne Hans, Max und Jakob zu verkaufen und nur den forstwirtschaftlichen Betrieb zu behalten. Dies geschah laut Vertrag mit ausdrücklicher Zustimmung seiner Ehefrau Bertha und seiner 23-jährigen Tochter Sophie, die dafür mit Wald «ausbezahlt» wurde. Die Kaufsumme betrug 140 000 Franken. Dabei handelte es sich jedoch um einen symbolischen Preis, denn schon die Gebäude waren deutlich mehr

Ein wichtiger Kreditgeber für Jacques Lenzlinger: die Zürcher Kantonalbank. Im Bild das erste Kantonalbank-Gebäude in Uster an der Zentralstrasse 5, aufgenommen von Julius Gujer, 1893.

Vorbereitungen auf schwere Zeiten: Am Bahnhof Uster zog Divisionär Wille seine Truppen zusammen, 1900.

wert – wie Markus Knauss in seiner Geschichte der Firma Lenzlinger konstatiert. 10 000 Franken konnten mit ausstehenden Lohnzahlungen an die Söhne verrechnet werden, 30 000 Franken schenkte Jacques als Betriebskapital. So erleichterte er seinen Söhnen den Start.

Allerdings verunglückte der jüngste der Söhne, Jakob, kurz nach dem Wechsel, im Dezember 1918, durch eine Unachtsamkeit an der Hobelmaschine. Trotz Operation starb er infolge innerer Blutungen. Sein Erbe schenkten die Eltern den beiden verbleibenden Söhnen Hans und Max Lenzlinger. «Das waren trübe Weihnachten, drei Wochen nach dem Tod», erinnert sich Sophie Hilty-Lenzlinger. Vor allem die Mutter konnte den Tod ihres Jüngsten lange nicht verwinden – und «so recht fröhlich wie früher wurden die Eltern nicht mehr, wenn sich die liebe Mama auch alle Mühe gab.» Die Trennung von der Tochter Sophie, die am 4. Mai 1920 den Landwirt Paravicin Hilty heiratete und wegzog, fiel Bertha Lenzlinger-Guyer umso schwerer.

Beträchtliches Einkommen auch als Pensionär

Materielle Sorgen gab es indes keine: Auch nach der Pensionierung verfügten Jacques und Bertha Lenzlinger über ein beträchtliches Einkommen, so im Jahr 1926 in der Höhe von rund 12 500 Franken. Dieses setzte sich zusammen aus Zinsen der Söhne, aus Mieteinnahmen der Liegenschaften sowie Erträgen aus den Wäldern. Auch der alljährliche Verkauf von Christbäumen brachte einen Zustupf. An Vermögen besass Jacques Lenzlinger zu dieser Zeit rund 250 000 Franken, das sich aus seinem Waldbesitz und seinen Guthaben zusammensetzte.

Bertha Lenzlinger starb relativ früh, im Alter von 63 Jahren, am 24. Januar 1928. Im Dezember hatte sie gemeinsam mit ihrem Mann noch ihre Tochter Sophie besucht. «Sie fühlte sich sehr müde und matt», schreibt Sophie Hilty-Lenzlinger über diesen Besuch. Beim Abschied habe sie ihr mitgeteilt: «Es zieht mich mit beiden Händen heim.» Zu ihrer Pflegerin soll sie gesagt haben, sie dürfe ruhig gehen, denn ihre Kinder seien recht geraten und auf gutem Weg.

Ein tapferer Mensch

Jacques vermisste seine geliebte und stets hoch verehrte Lebensgefährtin schmerzlich. Eine Zeitlang besorgte ihm die Cousine Emma Davis den Haushalt, anschliessend fand er anderweitige Hilfe. Später zog Jacques Lenzlinger in ein nach seinen Plänen erbautes Mehrfamilienhaus an der heutigen Viktoriastrasse 29 in Zürich-Oerlikon. Dort sorgte seine langjährige Haushälterin, Frau Sigel, für ihn. Als diese starb, ging er ins Altersasyl nach Uster. Allerdings fühlte er sich dort nicht recht wohl und zog deshalb in eine Wohnung in Niederuster. Dort lebte er in aller Bescheidenheit, ganz wie er es für gut befand. Nach einem grossen Feuer im Geschäft schwanden seine Kräfte von Tag zu Tag, bis er, ohne eigentliche Krankheit, kurz vor Ende des Zweiten Weltkriegs am 26. April 1945 verstarb, mit knapp 89 Jahren. Einen Tag später wurde er auf dem Friedhof Uster beerdigt.

«Er war ein tapferer Mensch, ein weitblickender Vater, voll Verantwortung und Tatkraft», fasst Tochter Sophie zusammen. «Was er als gut erkannt hatte, verfocht er mit eiserner Ausdauer, ungeachtet des Spottes der Mitmenschen. Er war wohl oft misstrauisch, aber stets grossherzig.» Die Kinder wurden gelehrt, ihre Kraft und ihr Wissen «stets da einzusetzen, wo wir am meisten leisten konnten.»

Markante Persönlichkeit und vorausschauender Unternehmer

Jacques Lenzlinger war eine markante Persönlichkeit: fromm, asketisch und naturverbunden, mit strengem protestantischem Arbeitsethos. Dies machte ihn zu einem vorausschauenden, nachhaltig planenden Unternehmer, führte aber auch zu Konflikten mit seinem lebensfrohen, weniger disziplinierten Bruder Edwin. Es spricht für seine Fairness, dass er den unternehmerischen Konflikt mit Edwin friedlich zu lösen vermochte. Das Lebenswerk seines Stiefvaters und seiner Mutter führte er erfolgreich und zielgerichtet fort, fühlte sich aber zeitlebens auch der Zollinger-Tradition verpflichtet. Nach der geschäftlichen Trennung vom Bruder richtete er das Unternehmen klar auf den Baustoff Holz aus. So konnte er zwar ein Stück weit an der guten Baukonjunktur partizipieren, schuf sich aber zugleich als einer der wenigen Chaletbauer im Kanton Zürich eine erfolgreiche Nische.

Die Chaletbauten in Niederuster und vielen anderen Orten sind sein wesentliches Werk und zugleich sein Erbe. Sie verkörpern viele seiner Ideale: Die Liebe zum Holz und zum Handwerk, die Verantwortung für die Mitarbeitenden, aber auch sein kluges Unternehmertum. In einer Zeit, da moderne Baustoffe wie Eisenbeton aufkamen, hielt er beharrlich am Holz fest. Den Gedanken seines Stiefvaters Joseph Lenzlinger, sich durch Waldkäufe unabhängig von Zulieferern zu machen, griff er auf, lebte ihn konsequent und vermittelte dieses Geschäftsprinzip auch an seine Kinder. Als Waldbesitzer und Sägereibetreiber machte er sich weitgehend unabhängig von Zulieferern und konnte im Laufe seines Lebens ein schönes Vermögen äufnen. Seine hohen Prinzipien äusserten sich auch bei der Aufteilung des Erbes zu gleichen Teilen an seine Kinder.

Hans und Max Lenzlinger: Parkettfabrikation und Telefonstangen (1918–1966)

Die Inhaber der dritten Generation: Max und Hans Lenzlinger.

Das Jahr 1918 war weltpolitisch einschneidend. Am 11. November nahm der Erste Weltkrieg ein Ende. Er hatte Millionen von Toten und Verwundeten gefordert und in vielen Regionen Europas zu grossen Zerstörungen geführt. Auch für die Schweiz hoffte man auf ein Ende der sozialen Not, der Rohstoff- und Lebensmittelverknappung sowie des wirtschaftlichen Stillstands. Doch zunächst herrschten noch tiefe soziale Verwerfungen. Diese mündeten im November 1918 in den landesweiten Generalstreik und stellten die Eidgenossenschaft mit beinahe bürgerkriegsähnlichen Zuständen auf eine schwere Probe.

Auch für die Familie Lenzlinger war 1918 ein Schicksalsjahr: Die dritte Generation Lenzlinger übernahm die Führungsverantwortung. Am 31. Oktober wurde die Firma «Jacques Lenzlinger» in die Kollektivgesellschaft «Jacques Lenzlinger Söhne» umgewandelt und an die Brüder Hans, Max und Jakob übergeben. Doch wenige Wochen später, am 11. Dezember, verstarb – wie bereits erwähnt – Jakob, der jüngste Sohn, im Alter von erst 19 Jahren als Folge eines Betriebsunfalls. Damit lastete die unternehmerische Verantwortung allein auf den Schultern des 25-jährigen Hans und des 22-jährigen Max Lenzlinger.

Start in Krisenzeiten

Die Brüder standen vor der grossen Aufgabe, in einer politisch und wirtschaftlich denkbar unsicheren Zeit den väterlichen Betrieb auf ein neues

Hans, Sophie, Max und Jakob Lenzlinger, um 1914.

Fundament zu stellen und auszubauen. Die ersten drei Jahre gestalteten sich äusserst mühsam: Das Baugewerbe steckte in einer tiefen Krise, viele Menschen waren arbeitslos, Streiks an der Tagesordnung. Auch die Firma Lenzlinger war vom landesweiten Streik der Holzarbeiter betroffen.

Im Oktober 1919 waren die Unternehmen gezwungen, eine der zentralen Forderungen der Streikbewegung zu erfüllen: Sie führten die 48-Stunden-Woche ein. Auch im Betrieb der Lenzlingers hatten die Beschäftigten nun kürzere Arbeitszeiten. Gleichzeitig war das Unternehmen jedoch mit höheren Produktionskosten konfrontiert, denn die Materialpreise stiegen schweizweit extrem an. So schrieb man bei Lenzlinger 1921 einen Verlust, und die Einnahmen fielen auf einen einmaligen Tiefstand von 68 600 Franken, fast die Hälfte des Vorjahres. Die jungen Firmeninhaber zweifelten in dieser schwierigen Zeit wohl mehr als einmal daran, ob sie ihrer Aufgabe gewachsen waren. Erst 1923 setzte eine konjunkturelle Belebung ein und auch dem Betrieb ging es in den nächsten Jahren wieder besser.

Im Holz zu Hause
Trotz solcher schwierigen Startbedingungen gelang es Hans und Max Lenzlinger, den Kleinbetrieb nach und nach zu einem regional bedeutenden mittelständischen Unternehmen auszubauen. Die Produktionspalette wurde erweitert. Man beschäftigte in den 1920er und 30er Jahren zwischen 25 und 50 Arbeiter, wobei die Zahl je nach Auftragslage saisonal schwankte. Die Brüder Lenzlinger waren «im Holz» zu Hause und ergänzten sich gut, wenngleich es auch Meinungsverschiedenheiten gab. «Hans war eher der bedächtige, häusliche Typ, der in finanziellen Belangen zurückhaltend war», erinnert sich Urs Lenzlinger, Firmeninhaber in der vierten Generation, an seinen Onkel.

Sein Vater Max hingegen, der dem Betrieb vorstand, war ein sportlicher

Mann, der Berg- und Skitouren liebte und sich in geschäftlichen Dingen risikofreudiger zeigte. Als administrativer Leiter führte Hans die Geschäftsbücher, eine Arbeit, die bislang von den Ehefrauen der Inhaber geleistet worden war. Auch war er für die Liegenschaftsverträge zuständig und für den Waldbesitz. Nebenbei befasste er sich mit der Familiengeschichte. Max war für das Operative verantwortlich, überwachte die Produktion und die Baustellen.

Unbeschwerte Jugendzeit

Hans Lenzlinger wurde am 14. Oktober 1893 als erstes Kind von Jacques und Bertha Lenzlinger-Guyer geboren. Zwei Jahre später, am 27. April 1895, kam Tochter Sophie auf die Welt. Am 24. September 1896 folgte Max und schliesslich am 9. August 1899 Jakob. Die vier Geschwister erlebten eine unbeschwerte und fröhliche Jugendzeit im elterlichen Wohnhaus auf dem Betriebsareal. Von ihren Eltern bekamen sie ethische Werte vermittelt, basierend auf einer christlichen Grundhaltung, berichten die Enkel Jacques, Urs, Beatrice und Dieter Adrian Lenzlinger in einer Familienchronik.

Schon früh wollte Jacques Lenzlinger seine Kinder an den Betrieb heranführen. Daher schickte er Hans und Sophie zum Erwerb kaufmännischer Kenntnisse auf das Notariat in Uster. Bertha Lenzlinger hätte es zwar lieber gesehen, wenn die Tochter auch in hauswirtschaftlichen Dingen bewandert gewesen wäre. Doch Jacques war die fachliche Ausbildung seiner Tochter vorerst wichtiger als ihre Fähigkeiten im Haushalt.

Ausbildung bei Jacques Gros

Max schliesslich entschied sich nach der Sekundarschule in Uster für eine Ausbildung zum Bauzeichner. Auf Anraten des Vaters absolvierte er diese beim renommierten Hotel-Architekten und Holzstil-Spezialisten Jacques Gros in Zürich. Dessen Bücher über Schweizer Holzbauten und Architektur hatte Jacques Lenzlinger intensiv studiert und sich bei seinen Projekten davon inspirieren lassen. Sicherlich hatte Jacques im Sinn, seinen Sohn Max mit dieser Ausbildung fit für die Leitung des Chaletbaus zu machen.

Doch nach der Betriebsübernahme zeigte es sich, dass die Zeiten für den Chaletbau schwierig geworden waren

Jacques Gros projektierte auch für das Unternehmen Lenzlinger, hier die Skizze für ein Gartengerätehaus von 1911.

und blieben. Nachdem der Einfamilienhausbau bei Lenzlinger durch den Ersten Weltkrieg bereits abrupt gestoppt worden war, lag er auch nach 1918 darnieder. Erst ab 1923 konnten wieder einige Chalets und hölzerne Einfamilienhäuser realisiert werden. Im Holz- und speziell im Chaletbau sahen Max und Hans Lenzlinger mittelfristig aber keine Zukunft mehr, zumal die strengeren kantonalen Bauvorschriften punkto Feuerschutz das Geschäft erschwerten. Beispielsweise bedurfte es nun grösserer Abstände zwischen den einzelnen Gebäuden, was grössere Parzellen erforderte und so die Liegenschaften verteuerte.

25 000 Franken für ein Chalet

In den 1920er Jahren kostete bei Lenzlinger ein schlüsselfertig gebautes Einfamilienhaus aus Holz zusammen mit dem Grundstück zwischen 25 000 und 30 000 Franken. Verkauft wurden die Häuser primär an Handwerker und Arbeiter. Zum Vergleich: Das durchschnittliche Brutto-Jahreseinkommen eines gelernten Arbeiters betrug um 1930 etwa 4 500 Franken. In diesen Jahren gab eine Arbeiterfamilie fast die Hälfte des Einkommens für Nahrungs- und Genussmittel aus. Die Wohnkosten schlugen mit einem Fünftel zu Buche, etwa ein Zehntel des Einkommens wurde für die Bekleidung aufgewendet. 80 Prozent des Einkommens waren also bereits für den täglichen Bedarf verplant, man lebte mehr oder weniger von der Hand in den Mund. Allenfalls gab es die Gelegenheit, auf einem kleinen Landstück Gemüse und Obst zu ziehen, vielleicht noch Hühner oder Kaninchen zu halten und so die Nahrungskosten zu reduzieren. So oder so bedurfte es aber grosser Sparsamkeit, um genug Mittel für ein eigenes kleines Haus zu äufnen. Dennoch gelang es einigen.

Max Lenzlingers Chalet, erbaut im Jahr 1931.

Beispielsweise kaufte 1928 ein Hilfsarbeiter in Dübendorf ein Wohnhaus für 30 000 Franken, wie der Vertrag vom 23. April verrät. Der Käufer wurde morgens um halb 11 Uhr auf das Notariat der benachbarten Gemeinde Schwamendingen bestellt, um zu unterschreiben. Zu diesem Termin musste er 2 000 Franken in bar anzahlen, weitere 3 000 Franken bei der Eigentumsübertragung, die spätestens Mitte Mai desselben Jahres erfolgen werde.

Weiterhin war im Vertrag festgehalten, dass der Käufer eine möglichst grosse Summe als Hypothek bei der Zürcher Kantonalbank aufnehmen musste – wie aus einer Ergänzung des Vertrags ersichtlich, handelte es sich dabei um 16 000 Franken. Der Restbetrag von 9 000 Franken war dem Unternehmen Lenzlinger geschuldet und wurde mit 5 Prozent jährlich verzinst. Lenzlinger verpflichtete sich ausserdem, das Haus sowie die Umgebungsarbeiten bis zum 1. Mai fertig zu stellen. Weiterhin übernahm die Unternehmung eine vertragliche Garantie, «in der Weise, dass sie sich verpflichtet, Mängel an diesem Hause, die innert zwei Jahren ab 1. Mai 1928 gerechnet zu Tage treten, die auf unsolides Material oder unsachgemässe

Arbeiten zurückzuführen sind, auf erstes Verlangen und in ihren Kosten zu beheben. Im übrigen ist die Gewährleistung wegbedungen.»

Ein hohes Risiko
Auffällig im Vergleich zu heutigen Kaufverträgen ist, dass die Firma Lenzlinger deutlich höhere Risiken zu tragen bereit war: Einerseits baute sie auf eigene Rechnung und verkaufte das Haus erst direkt vor Fertigstellung. Andererseits trat sie selbst als Hypothekengeberin auf, immerhin für knapp ein Drittel der Kaufsumme, und trug somit auch noch das Risiko eines späteren Zahlungsausfalls. Das Eigenkapital betrug ein Sechstel der Kaufsumme, also lediglich rund 17 Prozent. Auch dies würde heutigen Gepflogenheiten nicht mehr entsprechen.

Neben den unternehmerischen Risiken sprach auch der Zeitgeist gegen das Engagement im Bau von Chalets. Denn dieser Wohnstil hatte im Kanton Zürich viel an Beliebtheit eingebüsst. Zwar führten die Brüder Lenzlinger den Chaletbau noch bis 1940 als Spezialität ihres Betriebs an. So schalteten sie Inserate in der Zeitschrift «Das Werk», dem offiziellen Organ des «Bundes Schweizer Architekten». Doch faktisch wurde der Bau von Holzhäusern in den 1930er Jahren eingestellt.

Eines der letzten von Lenzlinger erbauten Chalets steht an der Hubenstrasse in Zürich-Schwamendingen: Es wurde 1932 im Auftrag des Gipsermeisters Eugen Frick westlich der Ziegelhütte erbaut. Als der Schreinermeister Fritz Knop und seine Ehefrau Vi-

Eines der letzten von Lenzlinger erbauten Chalets steht in Zürich-Schwamendingen. Heute wohnt dort die Familie Knop, Aufnahme von 2011.

Briefkopf von Jac. Lenzlinger Söhne, 1935.

viane das Chalet 1995 kauften, gab es grösseren Erneuerungsbedarf: «Wir haben es von innen quasi komplett renoviert», erinnert sich Fritz Knop. «Unter anderem haben wir eine Fussbodenheizung verlegt und die Treppen erneuert, natürlich wieder aus Holz.» Ausserdem wurde ein Anbau erstellt, um mehr Platz im Wohnbereich zu schaffen.

Heute erstrahlt das Chalet wieder im neuen Glanz. Aktuell wurde es aussen noch einmal frisch gestrichen, die Fensterläden erneuert und bemalt. «Wir werden immer wieder von Spaziergängern auf unser schönes und spezielles Haus angesprochen», erzählt das Ehepaar nicht ohne Stolz. Typische Lenzlinger-Details, wie die kleinen dreieckigen Fenster am Rand der Giebelfront oder die geschnitzten Stützbalken unter dem Dachgiebel, kommen nun wieder sehr gut zur Geltung.

Symbolischer Abschluss

Das Chalet, das sich Max Lenzlinger 1931 an der heutigen Rietackerstrasse in Niederuster als Wohnhaus erbaute, war ein symbolischer Abschluss der jahrzehntelangen Baumeistertätigkeit der Familie Lenzlinger im Holzbau. Kurz nach der Fertigstellung des Chalets verheiratete sich Max Lenzlinger am 27. Juni 1931 mit Bertha Bracher (1895-1979) in Uster. Sie stammte aus einer angesehenen Berner Bauernfamilie, die seit Jahrhunderten den Hof Grafenscheuren in Burgdorf bewirtschaftete. Ihr Vater, Arthur Bracher (1861-1928), war ein reformorientierter Bauer, dessen Hof als landwirtschaftlicher Musterbetrieb galt. Dank seiner Ausbildung und seiner Tüchtigkeit war Bracher als Experte «weit über die Kantons- und Landesgrenzen hinaus bekannt», so schrieb die NZZ im Nachruf vom 19. Juni 1928.

Interessant: Auch Max hielt, wie sein Vater Jacques, am Zollinger-Wappen fest. Dieses verzierte den Kachelofen in der Stube seines Chalets, gemeinsam mit dem Familienwappen seiner Gattin. Mit Bertha Lenzlinger-Bracher fand Max eine tüchtige Hausfrau und herzensgute Mutter, wie sich die Kinder erinnern. Sie war die erste Lenzlinger-Ehefrau, die sich nicht direkt im Betrieb engagierte. Dafür aber sorgte sie umso mehr für ein gutes Klima innerhalb der Familie und der Verwandtschaft. Bertha Lenzlinger war eine ausgezeichnete Köchin und ihre Gastfreundschaft grenzenlos, so erinnern sich ihre Enkelinnen Karin und Annette. Zudem war sie eine ambitionierte Gärtnerin. Das Gemüse und die Früchte kamen fast immer aus dem eigenen Garten.

Realistische Einschätzung

Als die Brüder Lenzlinger Mitte der 1930er Jahre den Chaletbau aufgaben, zeigte sich, was sich in der künftigen Firmengeschichte noch mehrmals als Erfolgsgeheimnis erweisen und das Familienunternehmen so beständig machen sollte: Die Lenzlingers hatten ein klares Gespür für ihre unternehmerische Grösse und für ein realistisches Geschäftsvolumen. Gleichzeitig waren sie fähig, durch ihre Vielseitigkeit neue Gebiete zu erschliessen und sich dabei auch von wenig lukrativen Tätigkeiten beherzt und konsequent zu trennen, wie etwa dem Chaletbau. Mit dieser Einschätzung lagen sie im Rückblick richtig: Von den ehemals zahlreichen Chaletproduzenten in der Schweiz sind fast alle vom Markt verschwunden. Erst neuerdings erfreuen sich Holzhäuser wieder grösserer Beliebtheit, wie Urs Lenzlinger in einem Gespräch konstatiert: «Heute wäre es wieder ein attraktives Geschäftsfeld. Doch die Durststrecke bis dahin hätte dem Betrieb wohl das Genick gebrochen.»

Einnahmen/Umsatz (nominal) der Lenzlinger Söhne, 1920–1960:

1920	128 000
1925	243 400
1930	229 200
1935	344 400
1940	311 700
1945	626 600
1950	826 600
1955	1 204 900
1960	1 377 900

Rückzug und Umgestaltung

Mit dem Rückzug aus dem Chaletbau mussten Hans und Max Lenzlinger ihren Betrieb allerdings neu organisieren. Die Sägerei und Zimmerei blieben weiterhin die wichtigsten Standbeine. Davon ausgehend entwickelten die Brüder Lenzlinger in der Folgezeit drei neue Tätigkeiten, nämlich die Produk-

Im Vordergrund ein Teil des Lenzlinger-Areals mit Wohn- und Firmensitz an der Seestrasse 64, 1929.

Ein Baumstamm wird am Vollgatter in Bretter gesägt, Aufnahme aus der Sägerei, um 1935.

tion von Stangen für Telefon- und Starkstromleitungen, die Einrichtung von provisorischen Schiessanlagen, Festzelten und die Parkettfabrikation.

Mit der zunehmenden Elektrifizierung und dem Ausbau des Telefonnetzes im frühen 20. Jahrhundert begann sich über die Schweiz ein Netz von Überlandleitungen zu legen. Für dieses bedurfte es solider, witterungsbeständiger Holzmasten, welche die Kabel trugen. In diesem Geschäft wurden die Brüder Lenzlinger aktiv, zumal es im Kanton Zürich noch keinen grossen Produzenten gab. Dabei kam ihnen zu Gute, dass sie für einen Teil der Masten Baumstämme aus den eigenen Waldungen verwenden konnten. Der Rest stammte aus Wäldern der Region. Genutzt wurden Rottanne, Kiefer, Lärche und Weisstanne. Die Stangen behandelte man mit einem speziellen Imprägnierturm mit Kupfervitriol und machte sie somit haltbarer, entsprechend den Vorschriften der «Eidgenössischen Telegraphen- und Telephonverwaltung».

Eigener Imprägnierturm

Den Grundstein für die Produktion von Telefonstangen und Elektrizitätsmasten hatte Jacques Lenzlinger mitten im Ersten Weltkrieg gelegt. 1916 baute er auf dem Firmenareal einen Imprägnierturm. Im Jahr 1923 erweiterten seine Söhne die Stangenproduktion. Angeboten wurden nun Stangen aller Längen und Grössen. Eine imprägnierte Stange von 8 m Länge kostete 1931 je nach Dicke zwischen 10 und 17 Franken. Hier handelte es sich jedoch um vom Verband festgelegte Kartellpreise. Die Lieferung erfolgte mittels Eisenbahn, Pferde- oder zunehmend Autotransporten.

Lenzlingers Kunden waren neben den staatlichen Post-, Telefon- und Telegrafenbetrieben (PTT) die kantonalen Elektrizitätswerke. Das Geschäft mit den Telefonstangen lief derart gut, dass die beiden Brüder 1931 die Produktion in das neu erbaute und modern eingerichtete Lager an der Rietackerstrasse verlegten, gleich gegenüber dem Chalet von Max Lenzlinger.

Erst Anfang der 1960er Jahre wurde das Geschäft mit den Holzmasten schwieriger. Deshalb entschloss sich Max Lenzlinger auf Betreiben seines Sohnes Urs und seines Neffen Reto im Jahr 1962, die Herstellung aufzugeben. Urs gründete gemeinsam mit fünf anderen Firmen eine neue Gesellschaft – Blum, Leuenberger & Co. mit Sitz in Winterthur. Dort wurde der Vertrieb der Telefonstangen für die beteiligten Unternehmen zusammengelegt. Die ehemaligen Konkurrenten machten also gemeinsame Sache. Die Masten selbst wurden zunächst bei Blum in Winterthur-Seen und Leuenberger in Gossau (SG) hergestellt, später bei Leuenberger in Waldkirch. 1973 wurde die Kommanditgesellschaft in eine Aktiengesellschaft mit Sitz in Uster umgewandelt. Urs Lenzlinger wurde Vorsitzender des Verwaltungsrats und leitete eine erfolgreiche Periode für das Unternehmen ein. Bei seinem Rücktritt 1984 verkaufte er sämtliche Aktien dem Hauptaktionär Peter E. Blum aus Vaduz.

Schützenfeste als Geschäftsidee

Max Lenzlinger war nicht nur ein patriotisch eingestellter Mensch und begeisterter Schütze, sondern auch aktiver Turner und Mitglied des Alpenclubs. 1927 wurde er als Mitglied der Freisinnig-Demokratischen Partei (FDP) in den Grossen Gemeinderat von Uster gewählt und war Verwaltungsrat der Bezirkssparkasse Uster. Im Kreis seiner Partei-, Turner- und Schützenkollegen pflegte er private und berufliche Kontakte. Damit er seinen Zimmerei- und Sägereibetrieb nach dem Rückzug aus dem Chaletbau genügend auslasten konnte, kam

Die Imprägnieranlage für Telefonstangen in den 1930er Jahren.

Max Lenzlinger als Schütze.

schenkriegszeit nochmals massiven Auftrieb erhielt. In Uster fand wiederholt das Kantonalschützenfest statt, so auch 1926. Die Schiessanlagen umfassten in der Regel ein Schützenhaus für die 300 Meter-Distanz, einen Stand für Pistolenschützen auf die Distanz von 25-50 Metern sowie einen Scheibenstand mit dem Kugelfang. Mit solchen Schiessanlagen traf Max Lenzlinger wortwörtlich «ins Schwarze». Es gab nur einen Konkurrenten, der sich im grösseren Umfang darauf spezialisiert hatte. Mit diesem fand man bald ein Arrangement. Im «Interessengemeinschafts-Vertrag» vom 23. Januar 1928 stand einleitend geschrieben: «Die Firma Schellenberg Schiessanlagen A. G. Bern und die Firma Jac. Lenzlinger Söhne Baugeschäft in Nd. Uster besitzen jeder für sich transportable Schiessanlagen und mieten dieselben an Schützenfeste aus. Um sich gegenseitig nicht in schädigender Weise zu konkurrenzieren, stipulieren hiermit die genannten Firmen eine Interessengemeinschaft und beschliessen folgenden Vertrag.»

er um 1925 auf die Idee, provisorische Schiessanlagen herzustellen, einzulagern und diese dann an die Kantonalen und Eidgenössischen Schützenfeste zu vermieten.

Wie in weiten Teilen der Schweiz gab es auch in Uster eine ausgeprägte Schützentradition, die in der Zwischenkriegszeit

Die beiden Firmen teilten die Schweiz unter sich auf. Lenzlinger konnte als Alleinanbieter in den meis-

Scheibenstand der Firma Lenzlinger am Eidgenössischen Schützenfest in Lausanne, 1954.

Aufbau des Schützenstandes, um 1954.

ten Deutschweizer Kantonen und dem Tessin auftreten. Schellenberg erhielt Bern, Basel, Aargau, Solothurn, das Wallis und die gesamte Westschweiz. Die regelmässig stattfindenden Eidgenössischen Schützenfeste sollten gemeinsam beliefert werden. Wer gegen diese Vereinbarung verstossen sollte, musste dem Partner eine festgelegte «Schadloshaltung und Genugtuungssumme» zahlen.

Noteinsatz in Bellinzona

Ihren ersten gemeinsamen Einsatz bestritten die beiden Firmen beim Eidgenössischen Schützenfest Bellinzona, das im Juli 1929 stattfand. Die Anlage bestand aus einer Bier- und einer Festhütte, einem Gabentempel, den Schiessständen für Gewehre und Pistolen sowie einer Tessiner Grotte. Unter den vier Ehrenpräsidenten des Schützenfestes figurierten zwei Bundesräte, nämlich Giuseppe Motta und Robert Haab. Kurz vor der Eröffnung fegte ein schwerer Sturm über den Festplatz und hinterliess eine Spur der Verwüstung. Doch der Firma Lenzlinger gelang es, den komplett beschädigten 300 Meter-Stand dank Nachtarbeit rasch wieder aufzubauen. So konnte die Eröffnung plangemäss stattfinden. Nach diesem geglückten Einstand in Bellinzona bestritten die Firmen Lenzlinger und Schellenberg gemeinsam auch weitere Eidgenössische Schützenfeste, so in Freiburg (1934), Luzern (1939), Chur (1949) und Lausanne (1954).

Dramatischer Brand zerstört Sägerei

Mit dem Bau und der Vermietung von provisorischen Schiessanlagen und zunehmend auch Festhallen vermochten die Brüder Lenzlinger ihre Zimmerei besser auszulasten und sich überregional einen guten Namen zu schaffen. Doch konnte der Umsatz dadurch nicht nachhaltig erhöht werden. 1932 brach er gar massiv ein, weil ein Brand am 20. Februar 1932 die Sägerei fast vollständig zerstört hatte. 1933 schaffte das Unternehmen endlich eine markante Steigerung des Umsatzes, von durchschnittlich 230 000 Franken auf rund 375 000 Franken.

Dies lag vor allem daran, dass ein neues Tätigkeitsgebiet erschlossen wurde: 1933 erhielten die Brüder Lenzlinger vom Fabrikinspektorat des Kantons Zürich die Bewilligung zur Herstellung von Parkett- und Hobelwaren. Im Eidgenössischen Fabrikverzeichnis war der Betrieb nun unter der Nummer 6117 eingetragen als: «Jac. Lenzlinger Söhne, Sägerei, Zimmerei, Bauschreinerei, Stangenimprägnierung und Parketterie». Die Parkettproduktion wurde in einem umgebauten Lagerraum auf dem Werksgelände aufgenommen und eine moderne, leistungsfähige Parkettfabrik installiert. Als Spezialität bot das Un-

Parkett: Vom Luxusgut zum klassischen Bodenbelag

Das Parkett entstand im 16. Jahrhundert als Luxusprodukt der Aristokratie. Ein Musterbeispiel der Parkettkunst ist das eindrucksvolle Tafelparkett im «Appartement du Roi» im Schloss Versailles. Doch lange blieb das Parkett nur den Wohlhabendsten vorbehalten. Erst ab Mitte des 19. und vor allem dann im 20. Jahrhundert wurde das Parkett durch die industrielle Fertigung zum erschwinglichen Bodenbelag für immer breitere Schichten.

Als Parkett wird ein Fussbodenbelag bezeichnet, der über mindestens 2.5 mm Dicke verfügt. Als Material wird vor allem Hartholz verwendet. Man unterscheidet zwischen dem grossformatigen Massivparkett, dem kleinformatigen Klebeparkett sowie dem Absperrparkett. Mögliche Verlegearten sind das Verkleben, die schwimmende Verlegung oder das Nageln.

In der Schweiz waren die führenden Produzenten von Parkett für lange Jahrzehnte die 1850 gegründete Parkett- und Chaletfabrik Interlaken sowie die 1868 gegründete Parkettfabrik der Obwaldner Hotel- und Bergbahnpioniere Josef Durrer und Franz Josef Bucher in Kägiswil. Im 20. Jahrhundert rückte dann die Bauwerk Parkett AG in St. Margrethen an die erste Stelle. Sie wurde 1944 von Ernst Göhner gegründet. Göhner patentierte ein Mosaikparkett (12 cm Länge, später auf grossen Platten vorverlegt) und wurde damit auch im europäischen Raum zu einem der führenden Hersteller.

Zu Beginn des 20. Jahrhunderts organisierten sich die Parketthersteller erstmalig im «Verband Schweizer Parquet-Fabrikanten». Eine Kartellbildung gelang aber nicht. Die Preisabsprachen wurden regelmässig unterlaufen. Dies geschah, weil die Produktion von normalem Parkett verhältnismässig einfach war und es so einen relativ leichten Marktzutritt gab. Anderseits ist das Parkettlegen kein traditionelles Handwerk, eine geregelte Ausbildung existiert in der Schweiz erst seit den 1980er Jahren.

Wie bei allen Bodenbelägen gab es auch beim Parkett verschiedene Trends. So wurde es bis in die 1950er Jahre heftig vom damals als sehr modern geltenden Linoleum konkurrenziert, das vor allem von der Arbeiterschicht bevorzugt wurde. In den 1960er Jahren begann in Europa der Siegeszug des Teppichbodens.

Den Tiefpunkt seiner Beliebtheit erreichte das Parkett im Jahr 1976: Damals wurden nur wenige Prozent Parkett verlegt. Heute wird der Marktanteil von Parkett – zusammen mit dem stark gewachsenen Laminat – gemäss Immo-Monitoring beim Wohnungsneubau auf knapp 50 Prozent geschätzt. Es konkurriert heute vor allem mit Stein- bzw. Plattenböden. Textil- und Kunststoffböden werden besonders in Bürobauten eingesetzt.

Lamellenparkett, ein Serienprodukt der Firma Lenzlinger zwischen 1940 und 1960.

Werbekarte mit Parkettabkürzungsmaschine aus den 1940er Jahren.

ternehmen laut einer Annonce Kurz- und Langriemen aus Eiche und Buche an, ausserdem «amerikanische Würfel» sowie Bodenriemen und Bodenbretter aus Tannenholz. Ein Teil des Holzes konnte aus den eigenen Waldparzellen gewonnen werden, das Eichenholz hingegen wurde in Form von Parkettfriesen importiert; es kam vor allem aus Polen, Rumänien und dem damaligen Jugoslawien.

Parkett für die eigenen Chalets
Der Einstieg der Firma Lenzlinger Söhne in die Parkettfabrikation war eigentlich naheliegend. Denn schon im 19. Jahrhundert waren die meisten Anbieter von Chalets auch Produzenten von Parkett. Zunächst stellten sie dieses vor allem für die eigenen Chalets her. So hatte auch Jacques Lenzlinger seit etwa 1900 Parkett in seinen Häusern verlegt.

Vielleicht konnte sich Max Lenzlinger auch zum Aufbau der Parkettproduktion durchringen, weil 1930 zum zweiten Mal ein Verband Schweizerischer Parkettfabrikanten gegründet worden war. Dessen Ziel war es, die gesamte schweizerische Parkettproduktion über Verbandsbüros zu fixen Preisen zu verkaufen und die Lohn-

Herstellung von Lamellenparkett in den 1950er Jahren.

tarife für die Hersteller festzusetzen. Möglicherweise erhoffte sich Max Lenzlinger hier eine sichere Absatzquelle, hatte er doch schon beim Zeltbau und den Telefonstangen erfahren, dass sich in stärker regulierten Märkten auch für KMU gutes Geld verdienen liess. Es ist aber ebenso denkbar, dass der grosse Brand von 1932 den Brüdern die Notwendigkeit vor Augen führte, neben dem materiellen Neuaufbau auch unternehmerisch Neues zu wagen.

Die Hoffnungen auf sicheren Absatz zu festen Preisen sollten sich aber im hart umkämpften Schweizer Parkettmarkt vorderhand nicht erfüllen, das Kartell scheiterte. Der Parkettverband wurde bereits 1935 wieder aufgelöst. Im Kriegsjahr 1940 gelang es dann unter dem Eindruck der staatlich regulierten Rohstoffeinfuhr, den zweiten «Verband der Schweizerischen Parkettfabrikanten» ins Leben zu rufen. Gründungspräsident war Otto Durrer, Leiter der gleichnamigen Parkettfabrik in Kägiswil. Bei diesem Verband machte Max Lenzlinger von Anfang an im Vorstand mit und war auch 1956 bei der Gründung der «Föderation der europäischen Parkett-Industrie-Verbände» in Deutschland dabei. Doch in der Schweiz gelang eine Kartellbildung wiederum nur teilweise, besonders, weil der mittlerweile grösste Produzent, die Bauwerke AG, nicht mitmachte.

Infolge der insgesamt unsicheren Marktlage im Parkettbereich engagierte sich Max Lenzlinger stets auch für Innovationen, damit er für Spezialparkett höhere Preise ansetzen konnte. Insgesamt meldete er in den Jahren 1938, 1941, 1943 und 1951 vier Parkett-Patente an. Besondere Bedeutung bekam dabei die «Lenztafel». Sie wurde unter der Nummer 297763 im Jahr 1951 patentiert. Das Besondere daran war die Länge der Stäbe (25 cm) und die Sortierung nach Holzstruktur. Dadurch entstand ein optisch ansprechendes und qualitativ hochwertiges, zweischichtiges Parkett für Wohnräume. Es fand in Zürich und St. Gallen regen Absatz. Im Vergleich zum Klebeparkett oder den abgesperrten Langriemen, die Lenzlinger in den 1950er Jahren am häufigsten produzierte, war die Produktion der Lenztafeln aber doch gering.

Erfolg trotz Krise

Geschäftlich waren die 1930er Jahre für die Firma recht erfolgreich, trotz der 1929 einsetzenden Weltwirtschaftskrise. Diese hinterliess auch in Uster tiefe Spuren. Vor allem die Maschinenindustrie und das Bau- und Holzbearbeitungsgewerbe brachen ein und entliessen viele Leute in die Arbeitslosigkeit. Darunter befanden sich auch etliche Italienerinnen und Italiener, die in der Industrie ein Auskommen gefunden hatten und nun die Schweiz wieder verlassen mussten. Weil die Firma Lenzlinger Söhne in den 1930er Jahren in verschiedenen Bereichen aktiv war, konnte sie den konjunkturellen Einbruch relativ gut abfedern. Der Betrieb schrieb gar Jahr für Jahr Gewinne, wenngleich der Umsatz im Bereich von etwa 350 000 Franken stagnierte.

Bescheidenes Lohngefüge

Die Angestellten bei Lenzlinger erhielten alle 14 Tage ihren Lohn, der sich nach Funktion und Anzahl der geleisteten Stunden bemass. Die nicht festangestellten Parkettleger bekamen einen Akkordlohn. 1933 wurde dem Werkmeister Hans Eichenberger erstmals ein fixer Monatslohn ausbezahlt. Mit 350 Franken war er nicht nur der am längsten angestellte, sondern auch der bestbezahlte Mitarbeiter. Dies ist ein Hinweis darauf, dass das Lenzlinger-Lohngefüge in diesen Jahren eher

Werbeprospekt der Firma Lenzlinger aus dem Jahr 1935.

Die Parkettfabrik und Sägerei der Firma Lenzlinger, um 1935.

bescheiden war: Denn der Durchschnittsverdienst in der Holzindustrie lag zumindest Ende der 1930er Jahre bereits bei 379 Franken. 1953 war Hans Eichenberger übrigens noch immer bei Lenzlinger tätig und erhielt nun einen Monatslohn von 850 Franken.

Kampf dem Linol

Im Bereich Parkett kämpfte Lenzlinger auch gegen die Konkurrenz der anderen Bodenbeläge, vor allem des Linoleums. Eine Lenzliger-Werbebroschüre von 1935 fordert martialisch «Schachmatt dem Linol durch Parkett». Zusätzlich ist noch aufgestempelt: «Parkett statt Inlaid – billiger, solider, gesünder.» Auf den Innenseiten heisst es, Hartholz-Fussböden seien nicht nur Generationen, sondern Jahrhunderte haltbar, wie das Schloss Versailles beweise. Ausserdem sei Parkett bedeutend billiger als guter Inlaid. Dies wird anhand von Rechenbeispielen aufgezeigt: So koste «Marmolino»-Linoleum inklusive Verlegen rund 37 Franken pro Quadratmeter, Lenzlinger-Parkett als amerikanischer Würfel in Eichenholz 1. Klasse hingegen nur 30 Franken. Diese Bodenbeläge wurden für «schöne Wohnzimmer, Herrenzimmer, Empfangshalle» empfohlen. Denn: «Ein schöner Würfelboden ist immer der Clou des Salons im vornehmen Haus.»

Wie sich aus dem Geschäftsbericht 1937 des Zürcher Platzhirschen im Baugewerbe, der Ernst Göhner AG, entnehmen lässt, profitierte die Bauindustrie kurz vor dem Zweiten Weltkrieg stark von der Frankenabwertung, die im Jahr 1936 vorgenommen wurde: «Der Kapitalmarkt erfuhr eine bedeutende Verflüssigung. Die Banken wurden mit Geld überschwemmt, so dass sie wiederum in die Lage versetzt wurden, der Industrie und dem Gewerbe neue Kredite zuzuführen. Das Baugewerbe profitierte davon insofern, dass Baukredite und Hypotheken zu annehmbaren Zinssätzen ohne Schwierigkeit wiederum erhältlich waren, währenddem vor der Abwertung derartige Kredite überhaupt nicht mehr erteilt wurden oder nur in sehr geringem Masse.»

Wohl auch vor diesem Hintergrund wagte man bei Lenzlinger 1938 einen unternehmerischen Ausflug in die Stadt Zürich und beteiligte sich an einem Grossprojekt für ein Mehrfamilienhaus an der Hadlaubstrasse 28. Dort arbeitete Lenzlinger mit der Ernst Göhner AG im Rahmen eines Baukonsortiums zusammen, erstellte die Unterlagsböden und übernahm die Parkettarbeiten. Doch der Traum vom Erfolg im grossen Zürich verwirklichte sich vorderhand nicht: Die Eröffnung eines Büros an der Rosengartenstrasse erwies sich als nicht zielführend, das Engagement wurde bereits 1943 wieder beendet. Ein Rückzugsgrund war der Zweite Weltkrieg. Entmutigend war aber auch, dass der Kooperationspartner Göhner 1944 selbst im grossen Stil in die Parkettproduktion einsteigen und zum schärfsten Konkurrenten in der Region Zürich werden sollte.

Fluchtplan in die Innerschweiz

Die Kriegsjahre waren für die Firma Lenzlinger eine magere Zeit, man schrieb ähnlich oft Verluste wie Gewinne und lebte von den Reserven. Wie die Kinder von Max Lenzlinger berichten, wurden viele Autos wegen des Benzinmangels mit einem Holzvergaser ausgerüstet. Vater Max und Onkel Hans verkauften daher auch Buchenholzklötze als Treibstoff: «Wir erinnern uns noch gut an die grüne Reklametafel an der Seestrasse, mit der die selten vorbeifahrenden Automobilisten zum Kauf aufgefordert wurden.» Max Lenzlinger leistete als Gefreiter 1 000 Tage Aktivdienst. Um die Familie vor einem möglichen Einmarsch der Hitler-Truppen in die Schweiz bestmöglich zu schützen, mietete er ein Bauernhaus in Engelberg im Kanton Obwalden. Seine Ehefrau hätte dann, so war es abgesprochen, die Kinder mittels eines Veloanhängers von Uster in die Innerschweiz transportieren müssen.

Kurz vor dem Ende des Zweiten Weltkriegs wurde das Unternehmen der Brüder Lenzlinger auf eine weitere harte Bewährungsprobe gestellt: In der Parkettfabrikation war ein Feuer ausgebrochen und zerstörte diese vollständig. Weil auch sein Primarlehrer als Feuerwehrmann im Löscheinsatz gewesen war, kam er am nächsten Morgen mit starkem Brandgeruch in die Schule, erinnert sich Peter Surbeck gut. Dieser Brand setzte nicht nur dem mittlerweile 89-jährigen Jacques, sondern auch dem bald 50-jährigen Max Lenzlinger und seinem Bruder Hans stark zu. Sie dachten gar an eine Schliessung des Betriebs, zumal die Parkettfabrikation das wichtigste Standbein geworden war. Doch mit ihren Söhnen wuchs bereits die nächste Unternehmergeneration heran, so dass sich Max und Hans schliesslich für die Weiterführung des Betriebs entschieden. Die Parkettfabrikation wurde schnell wieder aufgenommen. Allerdings erstellte man die Halle erneut in einer Holzbauweise, wohl weil Stahl kurz nach dem Krieg noch Mangelware war.

Umsatz übersteigt Millionengrenze

Wirtschaftlich liefen die Jahre nach dem Zweiten Weltkrieg sehr gut an. Vieles, was sich kriegsbedingt ange-

Wiederaufbau der Halle für die Parkettfabrikation nach dem Brand von 1945.

staut hatte, entlud sich nun binnen kurzer Zeit und in einem noch nie dagewesenen Tempo. Das Wirtschaftswachstum war in den 1950er und 60er Jahren im Schnitt hoch. Ein Zeichen dieser Dynamik ist, dass sich der Energieverbrauch schweizweit von 1950 bis 1970 verdreifachte. Die treibende Kraft für das Wachstum war im Binnenmarkt die Bauwirtschaft. Sie reagierte damit auf die rasante Bevölkerungszunahme, welche besonders durch Zuwanderung bedingt war, sowie auf die gestiegenen Ansprüche an Wohnfläche, Komfort und Infrastruktur wie Strassen, öffentlicher Verkehr, Schulhäuser und Einkaufszentren. Ab 1950 war das ehemalige Fabrikdorf Uster mit einer Bevölkerungszahl von 12 250 nun offiziell zur Stadt geworden. Die Hochkonjunktur widerspiegelte sich auch in den Umsatzzahlen von Lenzlinger, die Mitte 1950 erstmals die Millionengrenze überschritten.

Einen schweren Verlust für das Unternehmen bedeutete es, als 1953 Hans Lenzlinger im Alter von erst 60 Jahren verstarb. Als administrativer Leiter hatte Hans einen entscheidenden Anteil daran, dass der Betrieb in den harten Zeiten der Wirtschaftskrisen und des Weltkriegs stets auf finanziell gutem Grund stand und damit gerüstet war für den starken Wirtschaftsaufschwung nach 1945. Wie sein Bruder Max dachte Hans in grösseren Zeitspannen und war bestrebt, sein Erbe an die nächste Generation weiterzugeben. Hans' jüngster Sohn Reto war gewillt, nach Abschluss der Handelsschule in Neuenburg in die Fussstapfen des Vaters zu treten. Doch war er beim Tod seines Vaters erst 20 Jahre alt und musste sich nun einarbeiten. Gleichzeitig begann auch Max Lenzlingers Sohn Urs, erste Erfahrungen im Unternehmen zu sammeln. Während Urs sich auf das operative Geschäft konzentrierte, war Reto als gelernter Kaufmann vor allem in der Kundenbetreuung, im Aussendienst, im Administrativen und beim Waldbesitz aktiv. Auch wenn die vierte Generation sich bereits engagierte, war die Arbeitsbelastung für Max Lenzlinger doch in den 50er Jahren sehr hoch. Es war vorgesehen, dass die Cousins Reto und Urs Lenzlinger die Firma gemeinsam weiterführen sollten. Doch dann starb Reto 1962 überraschend

Luftaufnahme des Areals der Firma Zellweger in Niederuster (ehemals Spinnerei Kunz), im Hintergrund die Imprägnieranstalt der Firma Lenzlinger. Ganz oben ist das Chalet von Max Lenzlinger zu erkennen, späte 1950er Jahre.

Max und Bertha Lenzlinger-Bracher in den 1960er Jahren.

im Alter von knapp 29 Jahren an einem Nierenversagen. Wieder war ein hoffnungsvoller Nachfolger allzu früh verstorben.

Sportlich bis ins hohe Alter

In den 1960er Jahren, als sein Sohn Urs dann das Ruder allmählich übernahm, zog sich Max aus dem Betrieb zurück und beschränkte sich schliesslich ab 1967 auf das Geschäft der Festhallenvermietung. Im Ruhestand betreute und überwachte er, wie schon sein Vater und Grossvater, die ausgedehnten Waldungen. Auch pflegte er diverse Hobbies, kümmerte sich um den eigenen Obst- und Beerengarten und unternahm mit seiner Frau ausgedehnte Reisen. Zum 80. Geburtstag wünschte er sich ein Paar neue Skier, um bei seinen traditionellen Skiferien in Davos mit seinen Alpenclub-Freunden besser mithalten zu können.

Max Lenzlinger war kaum jemals ernsthaft krank und ging ganz selten zum Arzt. Nach 48 Jahren Ehe verstarb seine Frau Bertha 1979 mit 84 Jahren. Drei Jahre später, im Alter von 86 Jahren, starb auch Max Lenzlinger am 1. Mai 1982 an einer Lungenfi-

Max Lenzlinger beim Tribünenbau, Ende der 1960er Jahre.

brose. Max' letzte Worte drücken seine Lebenseinstellung prägnant aus: «Ich hatte ja ein schönes Leben, einmal ist es Zeit zum Gehen». Bestattet wurde Max Lenzlinger-Bracher am 6. Mai neben seiner Frau auf dem Friedhof Uster.

Als aufgeschlossener, positiv denkender Mensch war Max Lenzlinger seinen Mitarbeitern ein strenger, aber fürsorglicher Chef. Leute zu entlassen, war für ihn nicht denkbar. Auch Hilfsarbeiter zog er mit, in der festen Überzeugung, dass jeder im Betrieb seine Chance erhalten solle. Mit diesem Verhalten schuf er ein Betriebsklima, welches den Ruf der Firma Lenzlinger als guter Arbeitgeber auch über den lokalen Bereich hinaus bekannt machen und eine stattliche Anzahl von langjährigen Mitarbeitern hervorbringen sollte.

Ausbau der Geschäftstätigkeit

Die grosse Leistung von Max und Hans Lenzlinger war es, das Familienunternehmen in dritter Generation von einem handwerklichen Kleinbetrieb zu einem soliden, mittelständischen Unternehmen weiterentwickelt und auch überregional bekannt gemacht zu haben. Die beiden mussten den Betrieb in einer weltpolitisch und konjunkturell äusserst schwierigen Zeit übernehmen und führen: Diese Prüfung bestanden sie mit Bravour. Es gelang ihnen, sich rechtzeitig aus dem Chaletbau und allgemein der Baumeistertätigkeit zurückzuziehen und dafür neue Tätigkeiten zu lancieren: die Produktion von Telefonstangen, die Herstellung und schweizweite Vermietung von Schiessanlagen und Festzelten sowie die industrielle Produktion von Parkett. So verstanden sie es, aus dem zunehmend protektionistischen Umfeld in den Kriegszeiten einen Nutzen ziehen und als Betrieb gar zu wachsen.

Über das Engagement in Vereinen, Verbänden und der Politik knüpfte vor allem Max Lenzlinger ein dichtes Beziehungsnetz und machte so den Namen Lenzlinger bekannt. In den letzten Jahren seiner Geschäftstätigkeit hatte er aber zunehmend Mühe, sich auf die wachsende Konkurrenz einzustellen und vom Bewährten zu trennen. Der Wettbewerb war schärfer geworden und die alten Erfolgsrezepte aus den Zeiten der Kartelle funktionierten nicht mehr richtig.

Wachstum nach dem Zweiten Weltkrieg: Uster 1954.

Urs Lenzlinger: Diversifikation und Modernisierung (1967-1999)

Urs Lenzlinger übernahm den Betrieb in vierter Generation.

Die Schweiz erlebte in der Nachkriegszeit einen massiven wirtschaftlichen Aufschwung mit steigenden Einkommen, Bevölkerungswachstum, Verstädterung und wohlfahrtsstaatlicher Umverteilung. In Fortführung der Kriegs- und Krisenpolitik wurde der Binnenmarkt mit den Wirtschaftsartikeln von 1947 stark reguliert und staatlich unterstützt. Dadurch entwickelte sich die Eidgenossenschaft «zum höchstkartellierten Land der Welt», wie Thomas Maissen in der «Geschichte der Schweiz» feststellt.

Im Kanton Zürich überflügelte zunehmend die Dienstleistungsgesellschaft den Industriesektor und setzte Impulse für die Bauwirtschaft – durch den Bau von Mehrfamilienhäusern, grossen Bürogebäuden, aber auch mit Forderungen nach mehr Infrastruktur, wie Autobahnen und S-Bahn.

Strukturwandel in Uster

In der Zeit, als Urs Lenzlinger den Betrieb in vierter Generation übernahm, war auch Uster in starkem Wachstum begriffen. Die Agglomerationsgemeinde zählte 1970 bereits über 20 000 Einwohner und entwickelte sich langsam hin zu einer Wohnstadt. So kommen heute nur noch sechs Prozent der Steuereinnahmen von juristischen Personen. Zwar ging Uster als Textilindustriestandort unter. Dank vorausschauender Stadtplanung verkam es aber nicht «zur grauen Agglomerationsschlafstadt vor den Toren von Zürich», wie Stadtpräsident Martin Bornhauser ausführt, «sondern entwickelte sich zur Wohnstadt mit hoher Wohn- und Lebensqualität und vielen Naherholungsgebieten.

Trotz der Hochkonjunktur war es der Firma Lenzlinger in den 1950er Jahren aber nicht gelungen, die stetig steigende Nachfrage in der Bauwirtschaft in Umsatz umzuwandeln. Vater Max Lenzlinger hatte sich in einem Umfeld der staatlichen Wirtschaftsförderung in Krisenzeiten, der Schutzmassnahmen und der Absprachen zwischen Unternehmen erfolgreich bewegt. Diese wirtschaftlichen Rahmenbedingungen änderten sich allmählich. Doch Max Lenzlinger fiel die Umstellung schwer. Deshalb war es sinnvoll, dass Urs Lenzlinger nach und nach mehr Verantwortung im Betrieb übernahm.

Urs Lenzlinger an seinem ersten Schultag, 1938.

Basteln mit Grossvater Jacques

Geboren wurde Urs Lenzlinger am 30. April 1932 als ältestes Kind von Max und Bertha Lenzlinger-Bracher in Niederuster. Es folgten die Geschwister Beatrice (1934) und Dieter (1938). Urs wuchs in dem vom Vater erbauten Chalet, als fröhlicher und sportlicher Junge auf. Gemeinsam unternahm die Familie ausgedehnte Bergtouren auf die Jungfrau und den Mönch. Schon ab dem Primarschulalter interessierte sich Urs Lenzlinger für Holzarbeiten. Besonders gern bastelte er mit seinem Grossvater Jacques in dessen Werkstatt. Jacques Lenzlinger zeigte dem wissbegierigen Enkel die verschiedenen Möglichkeiten, den Werkstoff Holz zu bearbeiten. «Er war aber sehr streng dabei und verlangte jeweils ganz präzises Arbeiten», erinnert sich Urs Lenzlinger. Für ihn war eigentlich immer klar, dass er einst den Familienbetrieb übernehmen wollte. Richtig bewusst wurde ihm dies, als sein Vater 1945 nach dem Brand der Parkettfabrikation kurzfristig ans Aufhören dachte. Der 13-jährige Urs bestürmte ihn unter Tränen, doch weiter zu machen. «Und da ist mir zum ersten Mal der Gedanke gekommen: Du musst selber Unternehmer werden.»

Somit war es nur folgerichtig, dass Urs Lenzlinger nach der obligatorischen Schulzeit eine Ausbildung als Schreiner absolvierte. Er entschied sich aber nicht für den väterlichen Betrieb, sondern ging nach Zürich-Wollishofen, zu Lienhard, damals eine der grössten Schreinereien der Region. Als 17-Jähriger, noch während seiner Lehrzeit, hatte er Gelegenheit, sich zum ersten Mal im Familienunternehmen zu beweisen: bei der Ausstattung des Eidgenössischen Schützenfestes in Chur 1949. Gemeinsam mit seinem Team musste Urs die Schiessstände und die Schützenzelte aufbauen. Max Lenzlinger förderte seinen ältesten Sohn also besonders stark und traute ihm unternehmerisch bereits sehr früh viel zu.

Nach der Lehre absolvierte Urs Lenzlinger verschiedene Praktika: 1950 arbeitete er als Säger und «Rechte Hand des Meisters» bei der Firma Hefti in Niederhasli. Als 19-Jähriger reiste er für einen Sprachaufenthalt ins englische Bournemouth. Ausserdem war er in der Parkettfabrik Carl Stekel im württembergischen Ravensburg sowie bei Bembé-Parkett in Bad Mergentheim tätig und arbeitete in Lyon sowie in London. Darüber hinaus war er im väterlichen Betrieb als Parkettleger beschäftigt.

Praktikum im kommunistischen Jugoslawien

Besonders beeindruckt war Urs Lenzlinger vom einem grossen Holzverarbeitungsbetrieb in Bosanski Brod im heutigen Bosnien-Herzegowina, wie Alfred Dobler in seiner Publikation über Urs Lenzlinger schreibt. Dort wurden Eichen gefällt und zu Brettern und Parkettfriesen weiterverarbeitet. Jeden Samstag musste Urs dem Polit-Offizier der Firma Bericht über seine

Beim Eidgenössischen Schützenfest in Lausanne 1954 organisierte Urs Lenzlinger den Aufbau der Anlagen.

Erlebnisse der vergangenen Woche erstatten, schliesslich war der Betrieb damals im kommunistischen Jugoslawien beheimatet.

Ausserdem besuchte Urs Lenzlinger neben der Abendhandelsschule auch Seminare an der ETH Zürich, beim Kaufmännischen Verein Zürich, an der Holzfachschule in Biel sowie an der Handelshochschule St. Gallen. Vor allem in Betriebswirtschaft und im Management bildete er sich weiter. Sein militärisches Engagement prägte ihn auch als Unternehmer. 1976 wurde er zum Oberstleutnant befördert und war danach Leiter des zivilen Bezirksführungsstabs Uster (Krisenstab). Seit der Jugendzeit war Urs Lenzlinger auch politisch aktiv: Im Alter von 20 Jahren trat er der Freisinnigen Partei bei und war in den 1960er Jahren Mitglied der städtischen Planungskommission.

Initiativer Unternehmer und Porschefahrer

Als initiative Persönlichkeit testete Urs Lenzlinger ab 1950 sein unternehmerisches Talent als Gründer der Einzelfirma Urs Lenzlinger. Diese betrieb bis 1964 einen regen Handel mit in Deutschland produzierten Schleifmaschinen. Der Betrieb war so erfolgreich, dass sich Urs Lenzlinger von

Gemeinsam im Dienst für die Armee: Marianne und Urs Lenzlinger, um 1960.

Urs und Marianne Lenzlinger bei ihrer Hochzeit im Jahr 1957.

den Gewinnen bald sein erstes eigenes Auto kaufen konnte – und dies war gleich ein Porsche, den er aus Deutschland importierte.

Im Privaten war Urs Lenzlinger aber trotz Porsche bodenständig: Die Klassenkameradin aus der Sekundarschulzeit, Marianne Welter (geboren am 12. Januar 1933), wurde seine grosse Liebe und am 17. Oktober 1957 auch seine Ehefrau. Das Paar heiratete in der reformierten Kirche in Volketswil. 1959 kam die erste Tochter, Karin, zur Welt. Es folgten 1962 Annette und 1964 Jörg.

Erfolgreich dank Ehefrau Marianne

Marianne Lenzlinger-Welter arbeitete zunächst in der Administration des Betriebs, von 1967 bis 1999 war sie Mitglied des Verwaltungsrats und führte dessen Sekretariat. Als wichtige Gesprächspartnerin und Beraterin stand sie ihrem Mann bei allen grossen Entscheidungen zur Seite. Ausserdem organisierte sie die Firmenfeste und steuerte ihre Ideen bei, wenn Urs intern oder extern einen Vortrag halten musste. Gleichzeitig engagierte sich Marianne Lenzlinger stark in diversen Frauenorganisationen, was auf die Emanzipation der Töchter grossen Einfluss hatte.

Somit ist Marianne Lenzlinger-Welter ein weiteres Beispiel für die starken Frauen, welche den Betrieb im Hintergrund prägten. Urs Lenzlinger sagt zur Rolle seiner Ehefrau: «Zweifellos hätte ich – davon bin ich fest überzeugt – ohne Mariannes immerwährenden Rückhalt meine Ziele niemals erreicht.» Auch sie kommt aus einer Unternehmerfamilie: Ihr Vater war selbständiger Dachdeckermeister.

Kauf und Neuanfang als AG

Zu Urs' 20. Geburtstag, also 1952, hatte Max Lenzlinger seinem Ältesten 30 000 Franken als Firmendarlehen geschenkt. Immer, wenn Urs Lenzlinger etwas Geld übrig hatte, bemühte er sich, diese Sparsumme zu vergrössern. So waren dank Fleiss und Disziplin im Jahr 1967 bereits 200 000 Franken zusammengekommen.

1967 gehörte die Kollektivgesellschaft Jac. Lenzlinger Söhne je zur Hälfte Max Lenzlinger und seinem Neffen Peter Lenzlinger-Plottier, dem zweiten Sohn von Hans. Die Kinder von Max – Urs, Beatrice und Dieter – waren jeweils zu einem Sechstel erbberechtigt. Als Max Lenzlinger beschloss, das Unternehmen zu übergeben, konnte der 35-jährige Urs dank seiner Ersparnisse am 19. April 1967 die Lenzlinger Söhne AG mit einem Aktienkapital von 200 000 Franken gründen und ins Handelsregister eintragen lassen, rückwirkend auf den 1. Januar 1967 datiert. «Jetzt müssen wir es riskieren», sagte er damals zu seiner Frau Marianne.

Sich verändern, um zu überleben

Die Aktiengesellschaft gründete Urs Lenzlinger, um den Neuanfang auch organisatorisch zu verankern: «Das war mein Wunsch und Bedingung für die Weiterführung.» So konnte er klar signalisieren, dass es nun eine neue Strategie gab. «Das gelang gut, weil die neuen Ziele Erfolg brachten in jeder Beziehung. Die Mitarbeiter erkannten, dass die Strategie verändert werden muss, um zu überleben.»

Die Prokura erhielt neben Urs, der auch als Präsident des Verwaltungsrats amtete, noch Marianne Lenzlinger-Welter. Mitbegründer war auch sein Bruder Dieter. So konnte das Wort «Söhne» im Firmennamen weitergeführt werden. Gleichwohl wurde Dieter Lenzlinger anschliessend nicht mehr im Unternehmen aktiv, sondern an seine Stelle trat der damalige Stadtpräsident von Uster, Werner Graf, ein guter Freund und langjähriger Berater von Urs Lenzlinger.

Liegenschaften gemietet

Urs Lenzlinger mietete von der Kollektivgesellschaft einen Teil der Geschäftsliegenschaften. Erst 1978 war er in der Lage, die Gebäude in Nieder-uster mit Hilfe von Bankkrediten sowie dank Darlehen vom Vater zu kaufen. Dieses etwas kompliziert anmutende Verfahren war notwendig, weil Urs ja vom Erbanspruch her nur ein Sechstel des Betriebes zustand und er die übrigen Erben auszahlen musste. Das war ihm vollumfänglich erst im Laufe der Jahre durch den Kauf von Liegenschaften möglich. Eine Schlüsselfigur bei den Verhandlungen und damit für die künftige Entwicklung des Unternehmens war Cousin Peter, dem die Hälfte der Unternehmung Jacques Lenzlinger Söhne gehörte.

Mit seinem Startkapital übernahm Urs von der bisherigen Kollektivgesellschaft Jac. Lenzlinger Söhne alle Aktiva der Geschäftszweige Bodenverlegerei und Schreinerei. Schon vorher hatte er wichtige strategische Weichenstellungen vorgenommen: So wurde die Parkettfabrikation eingestellt, die Sägerei ausgegliedert, die Telefonstangen-Produktion und auch die Zimmereiarbeiten wurden nicht mehr weitergeführt.

In den Räumen der heutigen Lenzlinger-Schreinerei in Niederuster wurden von 1907 bis 1912 Autos der Marke «Turicum» hergestellt.

Handwerklicher Innenausbau mit Schwerpunkt Holz

Im Zuge des Generationenwechsels trennte sich Urs Lenzlinger also von allen Zweigen der eigentlichen industriellen Fertigung sowie – mit der Zimmerei – vom letzten Standbein im Bauhauptgewerbe. Und Urs Lenzlinger war überzeugt: «Es ist gefährlich, wenn es einen gibt, der grösser ist als man selbst. Denn der kann günstiger produzieren.» Deshalb beendete er die Serienproduktion und konzentrierte sich auf die individuelle, handwerkliche Dienstleistung bei Bodenbelägen mit Schwerpunkt Parkett und Teppiche. Lenzlinger war somit eines der ersten einschlägigen Unternehmen in der Schweiz, das die Parkettproduktion aufgab. Danach kam es zu einer grossen Marktkonsolidierung, die nur wenige Hersteller überleben sollten.

Die Festhallenvermietung führte Vater Max Lenzlinger ab 1967 zunächst auf eigene Rechnung weiter, bevor sie 1970 wieder im Unternehmen aufging. Hintergrund war auch, dass Max seinem jüngeren Sohn, Dieter, so einen späteren Einstieg ins Unternehmen offenhalten wollte, was sich jedoch nicht realisierte.

Neue Tätigkeitsfelder

Neben dem Parkettverlegen waren auf Initiative von Urs bereits Anfang der 1960er Jahre, also noch in der Ära seines Vaters Max, zwei neue Tätigkeitsfelder hinzugekommen: Das Verlegen von Teppichen und sonstigen Bodenbelägen sowie die Doppelböden. Urs Lenzlinger erinnert sich: «Mein Vater begleitete mich sehr zurückhaltend, aber vertraute mir als Unternehmer. Ich konnte Teile meiner neuen Pläne und Ziele noch als Angestellter bei meinem Vater beginnen, ohne seine volle Zustimmung liess er mich gewähren.»

Abschied von der Mischkalkulation

Schon früh hatte Urs Lenzlinger eine andere unternehmerische Auffassung als seine Vorfahren: Er war überzeugt, dass man für nachhaltiges Wachstum wissen müsse, welche Tätigkeiten Gewinne versprechen und welche nicht. Man habe sich daher von den bislang gängigen Mischkalkulationen zu verabschieden. Folgerichtig wurde ab 1967 jeder der Geschäftsbereiche mit einem professionellen Rechnungswesen genau überwacht. Denn angesichts der schmalen finanziellen Basis durfte keine Sparte Verluste schreiben. Gleichzeitig brachte diese Strategie auch neue Herausforderungen: Mit der Ausweitung der Geschäftstätigkeit, namentlich beim Parkettlegen, wurden bisherige Kunden und Kooperationspartner zu Konkurrenten.

Bei Kunden und Lieferanten stellte sich Urs Lenzlinger selbstbewusst mit einem Brief vor: «Unsere Firma hat sich verjüngt! Die nächste Generation

Modernes Marketing: Ein beschrifteter VW-Bus als Firmenfahrzeug, 1970er Jahre.

Ein Modell des Lenzlinger-Doppelbodens.

hat die Geschäftsleitung übernommen.» Den Lieferanten sicherte er eine weitere Zusammenarbeit zu, «wenn Sie mit uns jung bleiben und mithelfen, unser Unternehmen weiter auszubauen.» Der Vorstellungsbrief endete mit den folgenden Worten: «Wir verraten gerne, dass unsere Pläne gross sind und wir vor allem beabsichtigen, mit altem Handwerkergeist neue Materialien nach neuen Prinzipien mit neuen Werkzeugen zu verarbeiten.»

Auch wenn Urs Lenzlinger seinen Veränderungswillen stark betonte, schätzte er doch immer die Verdienste seiner Vorfahren im Unternehmen: «Mein Grossvater und mein Vater haben mich sehr geprägt.» Von ihnen übernahm er den Stolz und die Wertschätzung von guten handwerklichen Leistungen, auch lernte er von seinem Vater sehr viel über die Art und Weise, wie man Bauhandwerker weiterbildet und führt. «Beispielsweise wollte ich in jungen Jahren einmal einen Mitarbeiter entlassen, weil ich mit seinen Leistungen nicht zufrieden war. Mein Vater hat mir das verboten. Das hat mich sehr beeindruckt und mich Geduld gelehrt.» Trotzdem kam es mit Max Lenzlinger in den Jahren um die Übernahme immer wieder zu Spannungen – zu unterschiedlich waren die Auffassungen darüber, wie es mit dem Unternehmen weitergehen sollte.

Seine Mutter Bertha war für Urs Lenzlinger von Kindheit an eine wichtige Gesprächspartnerin, «auch noch nach der Unternehmensübernahme.» Viel Zeit verbrachte er zudem auf dem Bauernhof seines Onkels und Götti in Burgdorf. «Er wollte mich sogar überzeugen, den Hof zu übernehmen, weil er keine eigenen Kinder hatte», erinnert sich Urs Lenzlinger. Er entschied sich aber für das Handwerk und hat es bis heute nicht bereut.

Aus Konkurrenten werden Partner

Urs Lenzlingers Strategie war es, in Geschäftsbereichen, die er allein nicht mehr professionell und nachhaltig zu bewirtschaften vermochte, mit Konkurrenten zusammenzuspannen. So konnte er die Themen «Sägerei», «Telefonstangen», «Parkettvertrieb» sowie später «Waldwirtschaft» unternehmerisch weiterverfolgen, trug aber nicht mehr allein das gesamte Risiko in diesen Sparten.

Dabei profitierte er auch von seinem Engagement in der Verbandsarbeit: So war die Familie schon seit Jahrzehnten im Verband der Schweizer Parkettindustrie aktiv. Als dieser im Jahr 1968 zur Interessengemeinschaft der schweizerischen Parkettindustrie (ISP) umgewandelt wurde, übernahm Urs Lenzlinger für 21 Jahre deren Präsidium. In diesem Verband waren nicht mehr nur die Parketthersteller, sondern später auch die Händler vertreten. Ausserdem war nun auch die Bauwerk AG von Ernst Göhner als wichtigster Parkettproduzent der Schweiz mit an Bord. Geschäftsleiter wurde Hans Hefti.

1970 gründete Urs zusammen mit drei Partnern die Handelsfirma Hefti AG mit Sitz in Illnau bei Winterthur. Geschäftsleiter war erneut Hans Hefti, der wichtigste Mitbegründer der Firma. Urs wurde Verwaltungsratspräsident. Aufgabe dieses Unternehmens war es, die Parkettböden der Bauwerk AG zu vertreiben. Auch Lenzlinger verlegte im eigenen Unternehmen deren Produkte, dies ist bis heute der Fall. 1977 zog sich Urs Lenzlinger jedoch aus diesem Engagement zurück und verkaufte seine Aktien an Hans Hefti. Später ging die Hefti AG wieder in der Firma Bauwerk AG auf, ebenso wie eine weitere Gründung, die Interparkett Trading AG für das Auslandsgeschäft.

Kooperation bei Wald und Sägerei

Ein ähnliches Vorgehen wählte Urs Lenzlinger im Bereich der Sägerei: Er nahm mit sechs Betrieben im Zürcher Oberland Verhandlungen auf und legte schliesslich seine Sägerei mit derjenigen der Firma «Moos Erben» zusammen. Auf dem Areal der Sägerei Moos wurde im Dezember 1966 die Sägerei Illnau AG gegründet, so ist es bei Alfred Dobler zu lesen. Geschäftsführer wurde der bisherige Lenzlinger-Mitarbeiter Anton Tanner. Er übernahm 1987 die Aktien von Urs Lenzlinger, der sich erst dann komplett aus dem Sägerei-Geschäft zurückzog.

Auch beim Wald setzte Urs Lenzlinger auf Zusammenarbeit: 1986 gründete er, zusammen mit mehreren Waldbesitzern der Region, die Privatwaldkorporation Uster und übernahm dort das Amt des Verwalters. Der Tradition seiner Vorfahren folgend, sollten später alle Enkel von Urs Lenzlinger einen Anteil an dieser Korporation erhalten.

Doppelböden:
innovativ und zukunftsweisend

1960 hatte das Unternehmen Lenzlinger auf Anregung der Computerfirma «Bull Lochkartenmaschinen AG» mit der Produktion von Element-Doppelböden begonnen. Sie suchte für die Versorgung ihrer Kabel im Boden eine flexible Lösung. Die Doppelböden waren in Amerika bereits erfunden worden, als auch Urs Lenzlinger für die Schweiz diese wegweisende Idee aufnahm. Somit gehörte die Lenzlinger Söhne AG in Europa zu den ersten Unternehmen, die solche Böden produzierten und verlegten. Es handelt sich dabei um eine Bodenkonstruktion aus modularen Komponenten mit stets zugänglichem Hohlraum, in dem Elektro-, Telefon- und Dataleitungen sowie die gesamte Haustechnik flexibel und sicher verlegt und versorgt werden können. Je nach Funktion und räumlichen Gegebenheiten beträgt die Höhe des Doppelbodens von sechs bis über 150 cm.

Speziell für Grossraumbüros ist diese Innovation heute sehr wichtig, denn sie ermöglicht es, die aufwendige Haustechnik sicher, ordentlich und raumsparend unterzubringen, ohne Kabelsalat und Stolpergefahren. Zugleich ist die Technik dank der herausnehmbaren Bodenplatten überall problemlos erreichbar. So lässt sich die Raumaufteilung jederzeit verändern, um beispielsweise Schreibtische umzugruppieren. Heute gehören die Doppelböden nicht nur für Bürogebäude zum Standard, sondern werden auch in technischen Räumen, Schaltzentralen und sogar in Tunnels eingesetzt.

Urs Lenzlinger und Eugen Nater (rechts) präsentieren ein Modell des ersten Doppelbodens von Lenzlinger.

Mit dieser Innovation war Urs Lenzlinger ein Vorreiter für den Siegeszug der damals neu aufkommenden Personalcomputer und der später entwickelten Grossraumbüros. Er besetzte eine Marktlücke und schuf so ein ganz neues Geschäftsfeld. Es konnte ab den 70er Jahren dank des Booms im Dienstleistungssektor sein Potenzial vollständig entfalten und wurde schliesslich zum wichtigsten Bereich der Lenzlinger Söhne AG.

Vom Parkett zum Naturstein

Die ersten Bodenplatten für die Doppelböden wurden in der Schreinerwerkstatt von Lenzlinger hergestellt. Ihre Oberfläche bestand zunächst aus Mosaikparkett in Buche, Esche, Eiche oder dem Tropenholz Muhuhu. Die Computerfirma Bull als erster Kunde orderte beispielsweise ein Buchenparkett. Auch die Schweizerische Kreditanstalt liess einen Doppelboden in Buchenparkett erstellen, während die Bernischen Kraftwerke ein Eichenparkett wählten. Auch die Stützen für den Hohlraum bestanden anfangs noch aus Holz – eine «Bastlerkonstruktion», wie es laut Eugen Nater in Fachkreisen hiess. Der engagierte Verkäufer und spätere Direktor der Abteilung Doppelböden hatte entscheidenden Anteil an der Entwicklung des neuen Produktes. Im Militär hatte ihn Zugführer Urs Lenzlinger als tüchtigen Unteroffizier kennengelernt und ins Unternehmen geholt.

Bis Mitte der 1970er Jahre entwickelte die Lenzlinger Söhne AG das Produkt deutlich weiter. «Denn es war anfangs doch sehr von der Schreinerei aus gedacht», erläutert der heutige Bereichsleiter, Markus Bühler. Die wichtigste Veränderung war deshalb eine völlig neue Stützkonstruktion aus Metall, bei der die Träger und die Stützenhülsen ineinander gesteckt wurden. «Alles in allem eine sehr gute Konstruktion, welche über sehr lange Zeit im Programm war, unseren guten Ruf begründete, weil qualitativ hervorragend», erinnert sich Eugen Nater. In diesen Jahren wurden auch die Trägerplatten verbessert und das Angebot erweitert – neben Parkett bot Lenzlinger nun auch Oberflächen aus PVC, Nadelfilz, Veloursteppich, Linoleum, Kunst- oder Naturstein an. Nun übernahm der Betrieb auch das Format 600 mm x 600 mm, das dem internationalen Standard entspricht.

Vom Krankenbett aus verkauft

Obwohl sich Urs Lenzlinger die Rückkehr zur handwerklichen Tradition auf seine Fahnen geschrieben hatte, wurde es notwendig, zumindest bei den Doppelböden die industrielle Produktion wieder aufzunehmen. Gleichwohl wollte er beim Kunden als Problemlöser wahrgenommen werden: «Entscheidend für den Erfolg war, dass wir die Böden nicht einfach als Produkt, sondern mit allen Details und fix fertig installiert angeboten haben.»

Der Doppelboden wird seit seinen Anfängen für Technikräume eingesetzt. Aufnahme aus den 1970er Jahren.

Eugen Nater war als engagierter Verkäufer in der gesamten Schweiz unterwegs, um die Kunden für das neue System zu begeistern. Nach einer Tuberkulose-Erkrankung sei er einmal vier Monate zur Kur in Arosa gewesen. «Da habe ich mehrere Böden quasi aus dem Bett verkauft. Die Oberschwester bot mir ihr Auto an, um nach Chur zu fahren. Von dort ging's dann mit dem Zug weiter.»

Geschäfte mit dem Schah

In der Pionierzeit wurden jährlich nur wenige hundert Quadratmeter Doppelböden hergestellt. Doch Urs Lenzlinger glaubte an die neue Technologie. Seine Geduld machte sich bezahlt: Mit dem Siegeszug der Computer wurden auch die Doppelböden immer erfolgreicher. So wagte das Unternehmen in den 1970er Jahren in einzelnen Fällen bereits den Schritt über die Grenzen. Man machte Geschäfte mit dem Schah von Persien. Noch vor Auslieferung der Doppelböden für ein Marineschulungszentrum kam es allerdings zum Regierungsumsturz. Das Material war bereits geliefert – die Doppelböden wurden aber nie installiert. Urs Lenzlinger hatte Glück: Vor Abfahrt der Camions hatte er auf einer peinlich genauen Abwicklung des Akkreditivverkehrs bestanden. Nur deshalb verlor das Unternehmen bei diesem Geschäft kein Geld.

Später gab es Aufträge aus Südostasien sowie dem arabischen Raum. Doch dann drängte der deutsche Doppelboden-Grossanbieter Mero in den Schweizer Markt und konnte dank grösserer Produktion günstiger offerieren. Urs Lenzlinger reagierte schnell und bot 1985 an, dass die Lenzlinger Söhne AG die exklusive Vertretung von Mero in der Schweiz übernehmen

Doppelboden-Werbefoto aus den 1970er Jahren. Als Modell fungierte Beatrice Nater, die langjährige Personalchefin bei Lenzlinger.

Bauboom: Uster entwickelte sich in den 1970er Jahren zunehmend zur Wohnstadt. Die «Autobahn» führte noch mitten durch die Stadt – Ausdruck der damaligen Wachstumseuphorie.

werde. Als Gegenzug stellte er in Aussicht, die eigene Produktion allmählich herunterzufahren und die Exportbeziehungen abzutreten. Bis heute vertreibt Lenzlinger auch Mero-Böden, wenngleich das damalige Abkommen schon lange nicht mehr gilt.

Marktführer in der Schweiz

Im inländischen Markt wurde die Lenzlinger Söhne AG zum einzigen Hersteller und zum unbestrittenen Marktführer der Element-Doppelböden, mit Marktanteilen über 50 Prozent. Lukrative Grossaufträge sorgten bereits damals für hohe Umsätze und machten das Unternehmen schweizweit bekannt. So berichtete der Anzeiger von Uster in der Ausgabe vom 13. Januar 1988 darüber, dass Lenzlinger für die Swissair auf dem Flughafen Genf-Cointrin auf einer Fläche von 16 000 Quadratmetern 48 000 Platten für Element-Doppelböden verlegen werde.

Beim Bauprojekt des Schweizerischen Bankvereins in Zürich Altstetten mussten sogar 61 000 Platten auf einer Fläche von rund 20 000 Quadratmetern montiert werden.

Angesichts dieses Erfolgs – und mangels Konkurrenzfähigkeit des deutschen Partners – baute Lenzlinger die Kapazitäten aus und nahm 1996 eine neue Produktionsanlage für Doppelböden in Betrieb. Sie hatte rund 5 Mio. Franken gekostet. In diesem Jahr, so berichtete der Anzeiger von Uster am 28. März 1996, machte der Bereich der Element-Doppelböden mit rund 30 Mio. Franken pro Jahr etwa die Hälfte des Gesamtumsatzes aus. Gleichwohl wurde Karin Lenzlinger, die damalige Leiterin des Geschäftsbereichs, mit der Aussage zitiert, der Umsatz der Doppelböden stagniere seit Anfang der 90er Jahre, nach Jahren mit einem «extremen Wachstum».

Rundumservice samt Verjüngungskur

1999 stellte das Unternehmen mehr als 200 000 Quadratmeter Platten her, also etwa das Tausendfache der Anfangsjahre. Ein Erfolgsgeheimnis der Firma Lenzlinger war und ist, dass sie in der Schweiz als einziges Unternehmen der Branche einen Vollservice bietet – von der Herstellung bis zur Verlegung. Die Kunden können auch diverse Zubehörelemente kaufen, darunter Rampen, Treppen, Lüftungsplatten, Elektrobodendosen oder Rahmenkonstruktionen für Schaltschränke.

Seit den 1980er Jahren bietet Lenzlinger seinen Kunden sogar eine «Verjüngungskur» für ihre Doppelböden an: Damals entwickelte man ein System, um abgenutzte Teppichfliesen von den Doppelbodenplatten abzuschälen und einen neuen Bodenbelag aufzubringen – schliesslich waren die Doppelböden teilweise bereits seit Jahrzehnten im Einsatz. Heute bestehen die Doppelböden aus verschiedenen Modulen, so lässt sich der Oberflächenbelag noch leichter erneuern.

Offen für Teppiche und Laminat

Die Lenzlinger Söhne AG war ein traditionsreicher Parkethersteller und -verleger und hatte immer exklusiv auf diesen Bodenbelag gesetzt. Doch mit dem Ende der Parkettfabrikation im Jahr 1963 erhielt man mehr unternehmerische Freiheit. Die junge Generation – die Cousins Urs und Reto Lenzlinger – machte sich dafür stark, auch andere Bodenbeläge ins Programm aufzunehmen. So entstand bereits 1963 die Abteilung Teppiche und Bodenbeläge. Nun konnte Lenzlinger auch Korkböden, Linoleum, Kunststoffbeläge oder Spann- und Klebeteppiche anbieten, später kamen Bodenbeläge aus Laminat, PVC und Kautschuk hinzu. Mit dieser Vielfältigkeit erschloss sich die Lenzlinger Söhne AG eine neue Klasse von Aufträgen: Nun konnte sie auch die Bodenarbeiten für grössere Gebäude übernehmen, in denen verschiedene Bodenbeläge verbaut wurden. «Ausserdem konnten wir so den Teppichboom nutzen», erinnert sich Dieter von Gunten, ehemaliger Leiter der Abteilung. Die hohe Nachfrage nach Teppichböden war entstanden, weil eine neue Technik erstmals eine industrielle Teppichproduktion ermöglichte und diesen Bodenbelag nun auch für die breiten Massen bezahlbar machte.

Freilich blieb das Verlegen von Parkett eine Kernkompetenz von Lenzlinger und ein wichtiger Geschäftsbereich. Lenzlinger baute in diesen Jahren auch spezielle Parkettarten mit komplexen, künstlerischen oder geometrischen Motiven ein. Diese Kunstwerke sind zum Beispiel im Zürcher Rathaussaal zu betrachten. Speziell in den 1990er Jahren nahm die Nachfrage nach Parkett dann wieder merklich zu – der Teppichboom neigte sich dem Ende zu.

Alu statt Holz

1970 kaufte Urs Lenzlinger die Sparte Festhallen auf Darlehen von seinem Vater Max und gliederte sie wieder in das Unternehmen ein. Er kannte die-

Nach der Übernahme der Festhallenabteilung entschied sich Urs Lenzlinger relativ bald, die Festhallen in Aluminiumbauweise zu erstellen. Links eine Halle in der ursprünglichen Bauweise aus Holz, rechts eine moderne Aluminiumhalle.

Luftbild der traditionellen Zuger Herbstmesse. Die Messehallen werden jeweils von Lenzlinger aufgebaut.

sen Bereich bereits aus seinen Jugenderfahrungen in der Firma, beispielsweise bei der Organisation des Eidgenössischen Schützenfestes von 1949. Doch seither hatte sich vieles verändert – das Geschäft wurde schnelllebiger. Zunächst stellte Urs Lenzlinger den Tribünenbau ein. Dann störte es ihn zunehmend, dass die Zeltkonstruktionen aus Holz sehr schwer und das Aufbauen und Abbrechen deshalb aufwendig waren. Er experimentierte daher mit einem moderneren System: der Kombination von Blachen und Aluminium. 1977 kaufte das Unternehmen die erste Aluminium-Halle und war damit eine der ersten Firmen, welche diese neue Technik nutzte. «Ohne diese Veränderung wäre dieser Bereich bald bachab gegangen», ist sich Urs Lenzlinger sicher.

So aber entwickelte sich der Bereich Festhallen – wie das gesamte Unternehmen – in diesen Jahren sehr dynamisch. Während der Jahresumsatz bei der Übernahme im Jahr 1970 noch 300 000 Franken betragen hatte, war er im Jahr 1980 auf 800 000 Franken gestiegen und erhöhte sich bis 1995 sogar auf 3.8 Mio. Franken.

Feiern bis zum nächsten Tag

Für die Mitarbeiter der Festhallenabteilung waren Flexibilität und Engagement wichtige Eigenschaften, wie sich der langjährige Leiter, Ernst Freund, bei seiner Pensionierung im Jahr 1996 erinnerte. Anfang der 70er Jahre war er einmal im Zürcher Weinland unterwegs und sollte ein Festzelt demontieren. Als er auf dem Platz ankam, stellte er fest, dass immer noch das grösste Fest im Gange war. Er wusste sich nicht anders zu helfen, als die Blache direkt über den Feiernden zu entfernen – der helle Sonnenschein brachte die Festgesellschaft dann zur Vernunft, so dass das Zelt schliesslich im Laufe des Tages abgebrochen und verladen werden konnte.

Seit 1974 kooperierte Urs Lenzlinger für den Transport der Festhallen mit der Firma Anton Hürlimann + Co. aus Oberägeri. So musste er keine ei-

genen Lastwagen für seine Festzelt-Logistik anschaffen. Ab den 1980er Jahren verlieh Lenzlinger dann neben Festhallen mit einer Kapazität zwischen 30 und 6 000 Plätzen auch zunehmend Spezialitäten, etwa VIP-Zelte mit Bestuhlung und kompletter Inneneinrichtung. Somit konnte man für alle möglichen Anlässe – von der Familienfeier über das Dorffest bis zum Unternehmensjubiläum – die passende Festhalle liefern. Ein regelmässiger Kunde ist zum Beispiel die Zuger Herbstmesse.

Urs Lenzlinger verzichtete aber bewusst auf weitergehende Leistungen, wie das Angebot einer Gastronomie oder einen Verleih von Geschirr und Besteck. Bis heute ist die Lenzlinger Söhne AG in der Deutschschweiz einer der bekanntesten Anbieter für Festhallen, auch dank dem markanten LS-Logo, dass viele Jahre lang auf allen Zelten zu sehen war.

Von der Hausschlosserei zum Bereich Metallbau

Mit den Metallbauarbeiten kam 1973 ein neuer Geschäftsbereich hinzu. Dieser Schritt war nicht ganz so überraschend, wie es von aussen aussieht, konstatiert Alfred Dobler in seiner Publikation – bereits seit Jahrzehnten hatte die hauseigene Schlosserei gute Dienste geleistet beim Bau und Umbau von Maschinen zur Parketterstellung oder später für die Doppelböden. Auch die Stützelemente der Doppelböden bestanden aus Metall und wurden in den Anfangsjahren in der Lenzlinger-Schlosserei erstellt. Später wurden dort auch Rahmen und Abschlüsse für die Doppelböden sowie Treppengeländer gebaut. Ab 1985 gliederte Urs Lenzlinger den Metallbau als selbständigen Geschäftszweig aus; er wandelte sich damit vom internen Zulieferer, vor allem für die Doppelböden, zum Hersteller von individuellen Einzellösungen. Nun baute man beispielsweise Wintergärten oder Panoramalifte, Metalltreppen oder Schiebetüren. Ein wichtiger Auftrag war im Jahr 1994 die Renovation des Widder Hotels in Zürich, wo ein aussergewöhnlicher Glaslift eingebaut wurde. 1999 übernahm die Lenzlinger Söhne AG die Firma Berchtold AG, eine Spezialistin im Metall- und Geländerbau. Diese Akquisition eröffnete Lenzlinger Perspektiven im Markt von Strassen- und Brückengeländern aus Aluminium. Die stärkere Professionalisierung gelang indes erst ab 2000, nach der Übernahme des Unternehmens durch die Töchter. Dank dem Umzug in einen Neubau konnten die Arbeitsabläufe rationalisiert und modernisiert werden.

1981 wurde auch die Schreinerei ein eigener Geschäftsbereich, nachdem sie zuvor primär den anderen Geschäftsbereichen zugearbeitet hatte, namentlich den Doppelböden. Schon bald entwickelten sich die Schwerpunkte Innenausbau sowie Küchenbau. Als sich 1990 die Gelegenheit ergab, die Schreinerei der Firma Zellweger AG in Niederuster zu übernehmen, konnte die Abteilung in das Areal der ehemaligen Automobilfabrik Turicum AG verlegt werden. So entstand am alten Ort Platz für den Ausbau des Bereichs Doppelböden. Eine weitere Übernahme fand 1996 statt: Mit der Firma Bareis & Schmid erwarb Lenzlinger Know-how zum Thema Gastrobau, womit die Schreinerei ihr Tätigkeitsspektrum weiter ausbauen konnte.

Schlechte Aufträge erkennen

Die Betrachtung der Geschäftsberichte in der Ära von Urs Lenzlinger zeigt, dass das erste Geschäftsjahr nach der Übernahme eine Herausforderung war. Auch wurde konstatiert, dass die individuelle Vorbereitung und Ab-

Für das bekannte Widder Hotel in Zürich hat Lenzlinger 1994 die Metallbauarbeiten am Aufzug und im Treppenhaus übernommen.

wicklung der Aufträge sehr unterschiedliche Gewinnmargen bringe. «Es werden daher Anstrengungen unternommen, um die schlechten Aufträge möglichst frühzeitig zu erkennen, spätestens aber nach erfolgter Abwicklung die Lehren aus diesen zu ziehen.» Urs Lenzlinger verabschiedete sich von der intuitiven Mischkalkulation seiner Vorgänger und stellte künftig an jede Abteilung und letztlich an jedes Projekt den Anspruch, Gewinne zu erwirtschaften. Im ersten Jahr schaffte er einen Umsatz von knapp 2.2 Mio. Franken, konnte allerdings nur einen Gewinn von 8652 Franken ausweisen, eine eher symbolische Summe.

Doch bald schon gab der Erfolg Urs Lenzlinger Recht. So hiess es im siebten Geschäftsbericht von 1973, der Geschäftsgang sei wiederum sehr erfreulich verlaufen. In diesem Jahr hatten sich bereits die Geschäftssparten Schreinerei inklusive Doppelböden, Holzbau (Festhallen), Parkett sowie Bodenbeläge und Teppiche herauskristallisiert. Jede Abteilung erhielt Budgetziele, es wurden jeweils Erträge und Gewinne ausgewiesen und mit denen des Vorjahres verglichen.

Dem Geschäftsbericht 1973 ist überdies zu entnehmen, dass in diesem Jahr zwei Drittel des Verkaufsumsatzes durch die damals noch getrennten Verlegeabteilungen – Parkett und Teppichböden – erzielt wurden. Der Umsatz hatte mit 8.1 Mio. Franken bereits ein Mehrfaches des Übernahmejahres 1967 erreicht. Auch der Gewinn hatte sich vervielfacht: Statt mageren 8000 Franken konnte die Lenzlinger Söhne AG nun rund 377 000 Franken vor Zuweisung an Reserven und Abschreibungen ausweisen, der Reingewinn betrug immerhin noch knapp 55 000 Franken.

Widerstandsfähig in der Krise

Im Geschäftsbericht 1976 hiess es dann: «In den vergangenen zwei Rezessionsjahren der schweizerischen Bauwirtschaft hat sich unser Unternehmen als recht widerstandsfähig erwiesen.» Im Vergleich zu anderen Firmen der Baubranche dürfte das Resultat der Lenzlinger Söhne AG nach wie vor sehr gut sein, man könne das zehnte Geschäftsjahr befriedigend abschliessen. Anlässlich des zehnjährigen Bestehens der Aktiengesellschaft war zu lesen, dass die Firma seit ihrer Gründung verschiedene Höhen und Tiefen erlebt habe. Doch die vergangenen zehn Jahre dürften zu den besten zählen: «Der Verkaufsumsatz wurde in dieser Zeit verdreifacht, Maschinen, Anlagen und Gebäude stark vermehrt. Trotzdem sind die Reserven grösser denn je.»

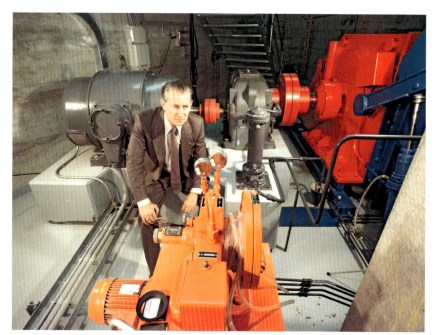

Urs Lenzlinger an der Ossberger-Turbine. Diese wurde 1982 in der Mühle Niederuster in Betrieb genommen.

Kein Auftrag ist zu klein

Im Jahr 1977 überschritt der Umsatz zum ersten Mal die Grenze von 10 Mio. Franken. 1980 hatte er bereits 14.2 Mio. Franken erreicht, mit 12.4 Mio. Franken im Inland und 1.8 Mio. im Ausland. Lenzlinger beschäftigte rund 100 Angestellte. Der grösste Umsatzbringer war nach wie vor das Verlegen von Parkett und anderen Bodenbelägen, wenngleich die Doppelböden schon ein Drittel des Umsatzes beisteuerten. Der «Anzeiger von Uster» berichtete am 8. Oktober 1980, das Unternehmen verstehe sich nach wie vor als Handwerksbetrieb, der mehrheitlich Arbeiten in kleiner und mittlerer Grössenordnung ausführe, auf rund 2400 Baustellen jährlich.

Der gute Ruf der Firma gründe sich auf die Qualität der geleisteten Arbeit, hiess es weiter in dem Artikel: «Kein Auftrag – sofern er in einem gewissen Regionalrayon auftritt – ist zu klein, um mit Gewissenhaftigkeit und Sorgfalt ausgeführt zu werden.» Urs Lenzlinger kommentiert dies rückblickend so: «Einmal repariert man für den Generaldirektor das Gartentörli für 150 Franken, beim nächsten Mal ist es vielleicht ein Millionenauftrag. Und man muss alles anständig machen.»

Grosses Fest zum 125-Jahr-Jubiläum

Diese Strategie zeigte Erfolg: 1986 hatte sich der Umsatz auf 27.2 Mio. Franken gesteigert und im Vergleich zu 1980 annähernd verdoppelt. Die Aktiengesellschaft beschäftigte 150 ständige sowie 100 temporäre Mitarbeiter. 1987 feierte Lenzlinger zusammen mit der Bevölkerung von Niederuster das 125-Jahr-Jubiläum des Unternehmens. Zum grossen Fest auf dem Firmenareal kamen tausende Besucher. Beim offiziellen Festakt, von Tochter Karin Lenzlinger moderiert, waren diverse Vertreter aus Politik und Verbänden anwesend, darunter die Zürcher Regierungsrätin Hedi Lang, verschiedene National- und Kantonsräte, der Ustermer Stadtpräsident Hans Thalmann sowie Christian Boesch, Direktor der Zürcher Handelskammer. Die Doppelböden hatten sich mittlerweile mit einem Umsatzanteil von 44

Prozent zum wichtigsten Geschäftsbereich entwickelt.

Die 1990er Jahre waren für die Baubranche eine Krisenzeit. Auch die Lenzlinger Söhne AG musste teilweise Umsatzrückgänge hinnehmen. Das Unternehmen setzte in diesen Jahren der Preiskämpfe auf Effizienzsteigerungen und Kosteneinsparungen, wie Urs Lenzlinger im Geschäftsbericht 1995 vermerkte: «In diesem verschärften Wettbewerb mit immer kleiner werdendem Grat zwischen positiven und negativen Deckungsbeiträgen kommt der richtigen Beurteilung und der effizienten Ausführung der einzelnen Aufträge höchste Bedeutung zu.»

Bis zur Betriebsübergabe im Jahr 1999 erhöhte sich der Jahresumsatz des Unternehmens noch einmal auf rund 60 Mio. Franken, bei rund 200 festen und 100 temporären Mitarbeitern. Auch in den insbesondere für die Baubranche schwierigen Jahren habe Lenzlinger weder Personal abbauen müssen noch rote Zahlen geschrieben, konstatiert die «Neue Zürcher Zeitung» in einem Beitrag vom 6. September 1999.

Restaurierung der Mühle Niederuster

Die starke inhaltliche und umsatzmässige Entwicklung des Unternehmens in der Ära von Urs Lenzlinger widerspiegelte sich auch in einer räumlichen Expansion: Bereits im Übernahmejahr 1967 errichtete Urs Lenzlinger auf dem Werksgelände einen Pavillon, um das Angebot in einer Ausstellung zu präsentieren. 1979 wurde dann ein Teil des Unternehmens nach Nänikon verlegt, namentlich die Abteilungen Festhallen und Parkett zogen in die neu erstellten Lagerräumlichkeiten an der Grossrietstrasse. So vergrösserte sich das Firmenareal von bislang 12 000 auf 22 000 Quadratmeter. Der Umzug wurde möglich durch einen Landtausch mit der Zellweger AG und der Stadt Uster. Anschliessend wurde der traditionelle Firmensitz an der Seestrasse 64 in Niederuster renoviert.

Anfang der 1980er Jahre begann die aufwendige Restaurierung der für die Geschichte des Unternehmens so wichtigen Mühle Niederuster gemäss den denkmalschützerischen Erfordernissen. Besondere Verdienste erwarb sich dabei Peter Surbeck, der sich un-

Im neuen Glanz: Urs Lenzlinger hat die Mühle Niederuster im Sinne des Heimatschutzes restauriert. Im Bild das ehemalige Mühlen-Wohnhaus aus dem Jahr 1820, daran anschliessend das neue Turbinenhaus und die ehemalige Mühlenscheune von 1842, die heute als Ausstellungsraum für Bodenbeläge dient.

Der neue Lenzlinger-Firmenhauptsitz in Nänikon wurde 1991 bezogen, aktuelle Aufnahme.

ermüdlich für den Erhalt dieses schweizweit bedeutenden industriehistorischen Erbes einsetzte. Im Zwischenbau der Mühle richtete Urs Lenzlinger eine moderne Ossberger-Turbine ein, so dass das Unternehmen – wie früher – die Wasserkraft des Aabachs nutzen konnte. Urs Lenzlinger lag die Wasserkraft am Herzen: Schliesslich hatte er die alte Turbine regelmässig mit dem langjährigen Werkmeister Eichenberger repariert und war dabei sogar einmal in den Aabach gefallen. 1984 war die Renovation der Mühle Niederuster abgeschlossen. Ein Teil des Gebäudes wurde vermietet und in der Remise fand eine ständige Ausstellung von Parkett, Teppichen und Bodenbelägen ihre Bleibe.

Neuer Hauptsitz in Nänikon

1991 bezogen die Büroangestellten den neuen Hauptsitz in Nänikon. Der Bau hatte 15.5 Mio. Franken gekostet. Nachdem der Metallbau einige Jahre seinen Standort in Schwerzenbach hatte, zog er 1998 ebenfalls in eine neugebaute Halle in Nänikon.

Im September 1999 übernahmen die beiden Töchter Karin und Annette Lenzlinger die aktive Führung des Unternehmens, wenngleich Urs Lenzlinger noch fünf Jahre lang Alleininhaber der Firma und Verwaltungsratspräsident blieb. Seit 2005 hat sich Urs Lenzlinger auch aus dem Verwaltungsrat und als Aktionär zurückgezogen und geniesst seinen Ruhestand. Der nach wie vor sehr dynamische Pensionär – aufgrund seiner grossen Verdienste wurde er zum Ehrenpräsident des Verwaltungsrats ernannt – hat aber immer noch ein Büro auf dem Unternehmensgelände und beobachtet voller Interesse, wie seine Töchter das Unternehmen lenken und gestalten. Auch wenn er nicht immer mit allem einverstanden ist, bemüht er sich um Zurückhaltung: «Ich habe auch vieles anders gemacht als mein Vater. Das ist ja nur natürlich.»

Tradition und Innovation

Das unternehmerische Lebenswerk von Urs Lenzlinger ist eindrucksvoll: Er richtete den Betrieb neu aus und vervielfachte auch den Umsatz. Er erschloss ausserdem neue Bereiche und führte damit die Lenzlinger Söhne AG vom kleinen Industrieunternehmen sowie regionalen Handwerksbetrieb zu einem schweizweit tätigen Ausbauunternehmen.

Bereits die Betriebsübernahme stellte eine deutliche Zäsur dar: Drei von acht bisherigen Unternehmensbereichen wurden zwischen 1962 und 1967 aufgegeben: Telefonstangen, Parkettfabrikation und Sägerei. Dafür kamen zwischen 1960 und 1973 drei neue Tätigkeitsfelder hinzu – Doppelböden, Verlegen von Parkett, Teppichen und Bodenbelägen sowie eine Schlosserei. Somit gab Urs Lenzlinger dem Unternehmen eine ganz neue Ausrichtung: weg von der Produktion und dem Holzbau, hin zum Innenausbau.

Pionierleistung Doppelböden

Vor allem im Segment der Doppelböden leisteten Urs Lenzlinger und seine Mitarbeiter Pionierarbeit. Trotz zäher Anfänge trieben sie das Produkt voran, das schon bald ein immenses Potenzial entfalten sollte: Ab den 1980er Jahren trug dieser Bereich die Hälfte zum Gesamtumsatz bei. Ohne Urs Lenzlingers Geduld beim Produkt Doppelböden angesichts schwieriger Anfänge hätte sich das Unternehmen also niemals so rasant entwickeln können – vor allem dank der Doppelböden vervielfachte sich der Umsatz von rund 2 Mio. Franken auf bis annähernd 60 Mio. Franken.

Unternehmerischer Geist

Neben der Fähigkeit, zukunftsfähige Bereiche zu erkennen und sich von denjenigen ohne Potenzial zu trennen, zeichnete Urs Lenzlinger vor allem aus, dass er sich schon sehr früh von der Grobkalkulation seiner Vorfahren verabschiedete. Vielmehr prüfte er für alle Projekte, ob sie sich unterm Strich rechneten. So konnte er Selbstausbeutung und Verzettelung verhindern. Dieses Vorgehen galt auch von Anfang an für jeden der fünf Unternehmensbereiche – sie mussten jeweils ihre Rentabilität transparent machen. Urs Lenzlinger führte das Unternehmen gezielt und steuerte seine Leute vor allem über das Rech-

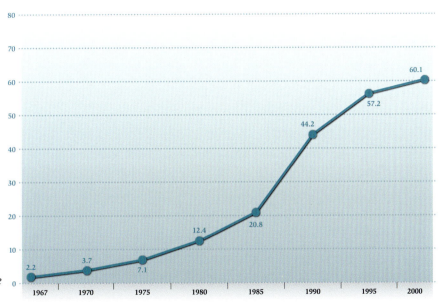

Die Umsatzentwicklung (in Millionen Franken) der Lenzlinger Söhne AG, 1967-2000.

nungswesen. Das Denken in Kennzahlen führte bei Urs Lenzlinger aber nicht dazu, dass er seine handwerklichen Wurzeln vergass.

Urs Lenzlinger hat als weitsichtiger und visionärer Unternehmensleiter agiert. Einerseits profitierte er von den Leistungen seiner Vorgänger und von der überwiegend guten Baukonjunktur in seiner Ära. Andererseits gelang es ihm aber auch, sich angesichts eines erstarkten Wettbewerbs von dem eher protektionistischen Denken der vorherigen Generation zu lösen. Zwar war er immer offen für Kooperationen, um in schwierigen oder sterbenden Märkten doch noch Geld zu verdienen. Doch er erschloss auch mutig neue Gebiete und scheute sich dabei nicht, ehemalige Kooperationspartner zu konkurrenzieren. So machte er das Unternehmen fit für den immer stärkeren Wettbewerb in der Baubranche.

Laut Dr. Arthur Wettstein, heutiger Verwaltungsrat der Lenzlinger Söhne AG und ehemaliger Präsident des Verbands Schweizerischer Generalunternehmer, hat Urs Lenzlinger schon sehr früh auf den von Ernst Göhner und Karl Steiner eingeleiteten Trend zu grossen Generalunternehmen reagiert und sich so zu einem bedeutenden Zulieferer der Schweizer Bauindustrie entwickelt: «Deshalb konnte sich Lenzlinger als starker und zuverlässiger Partner etablieren und ein grosses Wachstum realisieren.»

Am Unternehmen Lenzlinger lässt sich auch sehr gut die Veränderung der Stadt Uster ablesen: Die Lenzlinger Söhne AG begann als klassischer Holzbaubetrieb, passte sich dann aber klug der Entwicklung Usters von einer Industrie- zu einer Wohnstadt an. Mit der aufwendigen Renovation der Mühle Niederuster leistete Urs Lenzlinger einen Beitrag zur Attraktivität von Uster. Andererseits schuf er in einer Zeit, als andere Traditionsfirmen in Uster ihre Tore schlossen, zahlreiche neue Arbeitsplätze und Beschäftigungsperspektiven.

«Uster als drittgrösste Stadt des Wirtschaftskantons Zürich wird in der Schweiz leider noch zu wenig wahrgenommen», konstatiert der Stadtpräsident Matin Bornhauser. «Da hilft uns die Firma Lenzlinger, die den Namen von Uster in die ganze Schweiz hinaus trägt. Dafür sind wir der Firma sehr dankbar.»

Blick auf das Lenzlinger-Areal kurz vor der Erstellung des Lagergebäudes für Element-Doppelböden, Aufnahme von Ferit Kuyas, 1990.

Karin und Annette Lenzlinger: Leistungsstark in fünf Disziplinen

Die Inhaberinnen in der fünften Generation: Karin Lenzlinger Diedenhofen und Annette Lenzlinger Vandebroek.

Am 1. September 1999 – ihrem vierzigsten Geburtstag – übernahm Karin Lenzlinger Diedenhofen die Geschäftsleitung der Lenzlinger Söhne AG von ihrem Vater, Urs Lenzlinger. Gemeinsam mit ihrer Schwester, Annette Lenzlinger Vandebroek, sass sie bereits seit 1992 im Verwaltungsrat des Unternehmens. 2005 wurde Annette Lenzlinger dann Verwaltungsratspräsidentin und die beiden Schwestern übernahmen jeweils die Hälfte der Unternehmensaktien von ihrem Vater.

Karin Lenzlinger, die älteste Tochter von Urs und Marianne Lenzlinger-Welter, wurde am 1. September 1959 in Niederuster geboren. Ihre Schwester Annette folgte am 17. Mai 1962. Am 30. November 1964 kam der Bruder, Jörg, zur Welt. Beide Schwestern erinnern sich, dass das Familienunternehmen sie schon früh stark beeinflusst hat. So erlebten sie zuhause am Küchentisch zahllose Diskussionen ihrer Eltern über die Firma. Die Unternehmertradition habe auch viele ihrer Überzeugungen geprägt, sind sie sich sicher.

Frauenwahlrecht als prägende Erinnerung

Wichtig für ihr späteres Selbstverständnis als Unternehmerin waren vor allem bei Karin Lenzlinger die politischen Diskussionen mit ihrer Mutter. Als 1972 das Frauenstimmrecht eingeführt wurde, wurde im Hause Lenzlinger oft darüber gesprochen: «Unsere Mutter war politisch enga-

Von links: Karin, Jörg und Annette Lenzlinger.

giert und Emanzipation war für sie wichtig. Sie hat uns sehr gefördert und grossen Wert gelegt auf Chancengleichheit.»

Den Vater erlebten die Töchter immer als sehr fokussiert auf das Unternehmen. Am Wochenende begleiteten sie ihn auf Rundgängen über das Firmenareal und selbst in den Ferien telefonierte er jeden Tag in die Firma. Wegen seiner langen Arbeitszeiten und vielen gesellschaftlichen Verpflichtungen war er oft nicht zuhause und wenn doch, stand der Betrieb meistens im Zentrum der Gespräche. Sie trenne das heute viel stärker, berichtet Karin Lenzlinger. Aber auch ihre Kinder beschweren sich bereits über ihr hohes Arbeitspensum.

Sackgeld buchhalterisch verwaltet
Bereits früh mussten die Lenzlinger-Kinder ihr Sackgeld buchhalterisch verwalten und lernten so, relativ professionell mit Geld umzugehen. Als Jugendliche und Studentinnen erhielten sie dann von ihrem Vater gewisse Ausgaben zurückerstattet – für Kleidung und Essen. Denn er wollte, dass die Töchter anständig angezogen waren und sich gesund ernährten. Unterhaltungsaktivitäten wurden allerdings nicht zurückerstattet, jede Ausgabe musste diskutiert werden. «Das hat in mir einen rechten Freiheitsdrang verursacht», sagt Karin Lenzlinger. «Ich wollte nicht mehr rechtfertigen, wofür ich mein Geld ausgebe. Deshalb bin ich schon früh in den Ferien arbeiten gegangen.» Sie hat als Jugendliche teilweise sogar ihren Nachnamen verschwiegen, um nicht gleich als reiche Unternehmertochter schubladisiert zu werden.

Als Karin und Annette Lenzlinger Kinder waren, galt eigentlich als ausgemacht, dass ihr Bruder Jörg die Firma übernimmt. Er absolvierte dann auch eine Schreinerlehre im elterlichen Betrieb. Doch bereits während der Ausbildung zeigte sich seine Begabung und sein Interesse an der Kunst. Deshalb bewarb er sich an der Kunstgewerbeschule in Zürich und wurde dort tatsächlich aufgenommen. Heute ist er ein bekannter Installationskünstler. Er arbeitet gemeinsam mit seiner Lebenspartnerin Gerda Steiner und ist nach Auftritten an der Biennale in Venedig, der ART Basel und der EXPO 2002 heute international tätig.

Der Lockruf der Familie

Als im Laufe der 1980er Jahre klar wurde, dass der Sohn nicht in die Firma einsteigen würde, stellte sich die Nachfolgefrage erneut. Erst nun wurde Urs Lenzlinger richtig bewusst, dass auch seine beiden Töchter Karin und Annette viele Fähigkeiten und Qualifikationen für die Führung des Familienbetriebs mitbrachten. Er war – im Gegensatz zu vielen Männern seiner Generation – in der Lage, das scheinbar Unmögliche zu denken: Zwei Frauen als Chefinnen im traditionell männlichen Baugewerbe.

Nun bemühte sich Urs Lenzlinger aktiv darum, seine Töchter für den Einstieg in den Familienbetrieb zu begeistern. Als Erste folgte Annette dem Lockruf der Familie und begleitete ab 1990 das Unternehmen in juristischen Fragen.

Distanz als Befreiung

Karin Lenzlinger hatte damals bereits einen anderen Weg eingeschlagen und ein Studium zur Primarlehrerin absolviert. «Das war für mich auch eine Befreiung, etwas ganz anderes zu machen. Die Ausbildung hat mir die Möglichkeit gegeben, relativ schnell auf eigenen finanziellen Füssen zu stehen. Und ich habe die Distanz gesucht.»

Nach drei Jahren Tätigkeit als Primarlehrerin übernahm sie ein Jahr lang die Geschäftsführung der Siber & Siber Mineralien & Fossilien AG in Aathal, gemeinsam mit Edi Siber. Anschliessend ging sie zur Weiterbildung in die USA. In dieser Zeit wurde ihr klar, dass sie sich langfristig wünschte, eine Führungsposition in der Wirtschaft einzunehmen. Um dafür das notwendige Rüstzeug zu erhalten, studierte sie als Werkstudentin Volkswirtschafts- und Betriebswirtschaftslehre an der Universität St. Gallen und promovierte zum Thema «Wettbewerbsfähigkeit des Schweizerischen Industriestandortes». 1991 heiratete sie Hans-Joachim Diedenhofen, der ebenfalls Unternehmer ist.

Bewerbung für die Doppelböden

1992 wurde dann eine neue Leitung für die Abteilung Doppelböden gesucht. Karin Lenzlinger bewarb sich auf die Stelle. Allerdings war sie keinesfalls automatisch gesetzt, sondern musste sich einem Auswahlverfahren unterziehen, das auch von einer externen Beraterfirma begleitet wurde. Sie vermochte zu überzeugen und über-

Das Lenzlinger-Stammhaus an der Seestrasse 64 in Niederuster, aktuelle Aufnahme.

Beim Verlegen von Bodenbelägen ist nach wie vor Handarbeit gefragt.

nahm die Herausforderung bis zur Geburt ihres ersten Sohnes 1995. Anschliessend arbeitete sie einige Jahre Teilzeit, leitete verschiedene Projekte und bekam 1997 einen zweiten Sohn.

Annette Lenzlinger hatte nach der Matura mit dem Gedanken gespielt, Architektur oder Medizin zu studieren. Letztlich entschied sie sich aber dafür, Juristin zu werden und schloss 1986 ihr Jus-Studium ab. 1989 erwarb sie das Anwaltspatent und arbeitete in verschiedenen Kanzleien. 1994 wurde sie zur Dr. iur. promoviert und betreibt seither zusammen mit Partnern die führende Anwaltskanzlei im Zürcher Oberland. Sie ist vor allem im anwaltlichen Bereich gut vernetzt und engagiert sich in zahlreichen Gremien und Organisationen, so z.B. in den Vorständen des Zürcher Anwaltsverbands und des Arbeitgeberverbandes Zürcher Oberland und Rechtes Seeufer. Während ihrer Dissertation zum Thema «SIA Normen» hatte sie bereits ein Büro bei Lenzlinger. «In dieser Zeit hat mein Vater mich regelmässig zu Terminen mitgenommen und mich an den Betrieb herangeführt. Und da habe ich gemerkt, dass es doch sehr interessant ist und auch eine Chance für mich, neben der Anwaltstätigkeit für das Unternehmen tätig zu sein.»

1994: die Würfel sind gefallen

Bereits Ende der 80er Jahre hatte es erste Gespräche mit einem externen Berater zum Thema «Unternehmensnachfolge» gegeben. «Das Modell hat sich mit der privaten und beruflichen Entwicklung von uns immer wieder gewandelt. Die Familiendiskussionen waren wie eine Kreisbewegung, die langsam ins Zentrum gegangen ist», erinnern sich beide Schwestern. 1994 sind dann die Würfel gefallen und die Schwestern unterschrieben eine Erklärung, dass sie die Nachfolgerinnen werden wollten. Bereits seit 1992 waren sie Mitglieder des Verwaltungsrates.

1999 wurde Karin Lenzlinger CEO des Unternehmens. Sie hatte sich ausbedungen, dass ihr jüngerer Sohn zwei Jahre alt sein sollte, bevor sie sich an diese Aufgabe wagte. «Ich habe schon mit mir gerungen, ob ich das dann kann und will. Ich wusste auch, was das an Commitment bringt.» Sehr wichtig war für sie, dass auch ihre Schwester sich im Verwaltungsrat engagierte. Aus den vielen Diskussionen der vergangenen Jahre wusste sie, dass eine Zusammenarbeit funktionieren und die paritätische Aufteilung der Aktien nicht zu einer lähmenden Pattsituation führen würde.

Eine gute und enge Zusammenarbeit gab es auch bei der Organisation der Kinderbetreuung: Karin und Annette Lenzlinger teilten sich eine Kindergärtnerin, die sich um Karins und um Annettes 1999, 2000 und 2003 geborene Kinder kümmerte.

«Probezeit» bestanden

Während einer Übergangsphase von fünf Jahren war Urs Lenzlinger noch Präsident des Verwaltungsrats und Inhaber der Firma. Diese «Probezeit» war gemeinsam vereinbart worden, weil seine Töchter als Ökonomin und Juristin nicht aus der Handwerkswelt kamen. Angesichts ihres grossen Erfolgs konnte der vereinbarte Kaufvertrag dann dank machbarer Konditionen und unter Berücksichtigung des Bruders abgewickelt werden – Urs Lenzlinger zog sich aus allen operativen Funktionen zurück.

Ob es schwer war, aus dem grossen Schatten des Vaters herauszutreten? Diese Frage haben sich Karin und Annette Lenzlinger so nie gestellt. Sie sahen die Übernahme eher als Aufgabe, die es erfolgreich zu lösen galt. «Mir war aber wichtig, dass es eine klare Kommunikation gibt», sagt Karin Lenzlinger. Ebenfalls grossen Wert legten die Schwestern auf Konstanz. Es war ihr erklärtes Ziel, die langjährigen Angestellten weiter an sich zu binden. «Denn unser Erfolg basiert auf der Qualifikation unserer Mitarbeiter, auf dem gewachsenen Wissen.»

Kultur weiterentwickelt

Trotzdem gibt es einiges, was die Schwestern Lenzlinger anders machen als ihr Vater Urs. «Er hat sich selbstverständlich als derjenige angeschaut, der die Unternehmenskultur prägt. Das Leitbild, das war mein Vater.» Karin Lenzlinger bemüht sich, mehr zu delegieren und den Mitarbeitern mehr Entscheidungskompetenzen zu geben. «Zu Beginn waren diesbezüglich alle etwas verdutzt. Ich wollte nach gemeinsamen Lösungsansätzen suchen, die Kaderleute haben aber einen Entschluss von mir allein erwartet.»

Mittlerweile haben die Angestellten das offene Klima schätzen gelernt: «Es gibt mehrmals jährlich Gelegenheit, mit den Führungsleuten zu sprechen, zu diskutieren und Ideen einzubringen», heben die langjährigen Mitar-

Eine Fabrikationshalle von Doppelbodenplatten in Uster.

beiter Benedikt Stockmann und Martin Fischli aus dem Bereich Doppelböden hervor. Aus ihrer Sicht ist diese Möglichkeit zum Mitgestalten ein wichtiges Argument für die Lenzlinger Söhne AG als Arbeitgeberin.

Exotin im Baubetrieb

Neben der veränderten Unternehmenskultur hat Karin Lenzlinger die von ihrem Vater frühzeitig professionalisierten Strukturen weiterentwickelt und so die Voraussetzungen geschaffen für die Auslandsexpansion der jüngsten Vergangenheit. Veränderungen waren zudem aufgrund verschärfter gesetzlicher Auflagen notwendig. Ausserdem wurde das bestehende LS-Logo sowie das Corporate Design des Unternehmens überarbeitet. Wie schon ihr Vater ist auch Karin Lenzlinger in vielen Verbänden und Gremien vernetzt, so als Vizepräsidentin des Verbandes der Parkettindustrie, der Handelskammer Zürich und Delegierte bei «bauenschweiz» sowie Verwaltungsrätin der MCH Group (Messe Schweiz) AG und der SV Group AG.

Dass eine Frau als CEO eines Baubetriebs nach wie vor als Exotin gilt, ist Karin Lenzlinger bewusst. «Es kann aber auch ein Vorteil sein, weil ich oft erst einmal einen Sympathiebonus habe und viele neugierig sind», stellt sie fest. Zum Beispiel wurde sie am Anfang oft persönlich bei Veranstaltungen begrüsst, weil sie die einzig anwesende Frau war.

**Strukturen beibehalten:
Prozesse optimiert**

Nach der Übernahme haben Karin und Annette Lenzlinger die von Urs Lenzlinger geschaffene Grundstruktur der Firma mit den fünf Unternehmensbereichen beibehalten. Die Veränderungen fanden auf einer anderen Ebene statt: Karin Lenzlinger stellt fest, dass in den vergangenen zehn bis zwanzig Jahren eine massive Professionalisierung der Bauabläufe durch Generalunternehmer und professionelle Bauherren stattgefunden hat: «Auf der Kundenseite hat sich ja die Welt verändert in dieser Zeit.» Deswegen sei es extrem wichtig, so die Schwestern, auch als Anbieter hoch professionell zu arbeiten. «Was kauft man ein, was macht man selber? Wie organisiert man die Baustelle? Wie können wir noch effizienter werden?» Die Professionalität der Abläufe ist nicht nur ein Unterscheidungsmerkmal zu vielen kleinen Mitbewerbern, solche Fragen entscheiden im aktuellen Markt mit starkem Wettbewerb und kleinen Margen auch darüber, ob jemand Gewinne oder Verluste schreibt.

Das Unternehmen hat ausserdem eine Grösse erreicht, in der es zunehmend auch Projektmanagementaufgaben zu bewältigen gilt. Wachstum wird immer mehr auch zur Personalfrage – das Unternehmen ist ständig auf der Suche nach neuen Mitarbeitern, die dank ihrer Qualifikation und ihrem Engagement zum Erfolg beitragen.

Das Logo der Lenzlinger Söhne AG wurde 2004 aktualisiert.

Der Bereich Metallbau ist aus der Schlosserei hervorgegangen.

Qualifikation wird immer wichtiger

Diese Suche wird nicht einfacher, denn die Anforderungen an die Mitarbeitenden steigen ständig. Deshalb ist Qualifikation, Aus- und Fortbildung entscheidend für Karin und Annette Lenzlinger. Sie bieten nicht nur interne Schulungen an, sondern arbeiten auch intensiv mit Verbänden zusammen, welche Weiterbildungen anbieten. Die Lehrlingsausbildung ist ebenfalls ein grosses Thema in der Lenzlinger Söhne AG. Dies weiss der Ustermer Stadtpräsident, Martin Bornhauser, sehr zu schätzen: «Gerade für einen Sozialdemokraten ist Lenzlinger als Unternehmen vorbildlich, weil es seine soziale Verantwortung wahrnimmt, vor allem bei der Ausbildung von Jugendlichen, aber auch als verlässlicher Arbeitgeber und bei der Unterstützung lokaler Vereine.»

Die Notwendigkeit, die Mitarbeitenden selbst aus- und weiterzubilden, erweist sich als Hindernis für Akquisitionen. Deshalb rechnen die Schwestern Lenzlinger in den nächsten Jahren nicht mit einem sprunghaften Wachstum – wenngleich jeder der fünf Geschäftsbereiche aus ihrer Sicht Expansionspotenzial hat.

In den Jahren seit der Übernahme haben Karin und Annette Lenzlinger zielgerichtet die Finanzbasis des Unternehmens gestärkt: Das Eigenkapital vervielfachte sich zwischen 2000 und 2010, gleichzeitig gingen die langfristigen Bankkredite um mehr als die Hälfte zurück. «Diese Konsolidierung war wichtig, weil unsere Immobilien heute ganz anders bewertet werden als noch vor zehn Jahren. Während sie früher als Anlageobjekte gesehen wurden, betrachtet man sie heute oft wie Maschinen», erläutert Karin Lenzlinger.

Doppelböden: von der Seilbahn bis zum Bundesratsbunker

Auch gut ein Jahrzehnt nach dem Generationenwechsel ist der Bereich Doppelböden der grösste und damit wichtigste der Unternehmung. Von Lenzlinger verlegte Doppelböden sind heute in der gesamten Schweiz zu finden: Am Jungfraujoch, im NEAT-Tunnel, in diversen Seilbahnen, im Fernsehturm von Basel, im Bundesrats-Bunker, in der Nationalbank neben dem Goldtresor, im Paul-Klee-Museum und natürlich in zahllosen Bürohochhäusern. Nach wie vor ist die Lenzlinger Söhne AG die unbestrittene Marktführerin, mit einem Marktanteil von deutlich über 50 Prozent. Zwar gibt es rund ein halbes Dutzend Mitbewerber, doch Lenzlinger ist das einzige Unternehmen, das auch in der Schweiz produziert. «Das verleiht uns eine besondere Reputation und die speziell hohe Kompetenz», erläutert Markus Bühler, Bereichsleiter seit 2007.

Der Markt für Bürogebäude ist immer noch ein Wachstumsmarkt, auch wenn es zwischen 2002 und 2005 im Raum Zürich bereits zu Leerständen kam. Weil heute in der Schweiz 95 Prozent aller Büros mit Doppelböden ausgestattet werden, ist dieses Segment der wichtigste Absatzmarkt für den Bereich. Vor allem im Raum Genf hat es in den vergangenen Jahren viele Bauprojekte mit entsprechenden Geschäftschancen gegeben. Und Büroräumlichkeiten werden in der Regel alle 15 Jahre renoviert – dann ist die Lenzlinger Söhne AG erneut im Geschäft.

Wachstumsstrategie entwickelt

Auch der kabellose Zugang zum Internet ist keine Bedrohung für die Doppelböden, denn nach wie vor bedarf es einer Energiequelle für alle elektrischen Geräte, das kabellose Büro wird es also nicht geben. «Doch bei unserem hohen Marktanteil sind die Perspektiven für weiteres Wachstum in der Schweiz logischerweise beschränkt», gibt Karin Lenzlinger zu bedenken. Auch die Betrachtung der Kennzahlen zeigt Sättigungstendenzen auf dem Schweizer Markt: Nach dem Zusammenbruch der «Dotcom-Blase» ging die Produktionsleistung für Doppelböden sogar zu-

Hier wurden Lenzlinger-Doppelböden verlegt: im Messeturm Basel (links) und im Milleniumtower in Wien (rechts).

so ist zu erwarten, werden in den nächsten Jahren viele Bürogebäude gebaut werden.

Expansion nach Wien und Shanghai

Entsprechend dieser Analyse hat die Lenzlinger Söhne AG 2008 ein Verkaufsbüro in Shanghai gegründet. Auch im Mittleren Osten ist die Unternehmung aktiv, arbeitet dort aber mit Vertretern zusammen. «In China fühlen sich vor allem die europäischen Unternehmen von unserem Produkt angesprochen», berichtet Markus Bühler. Sie schätzen den «Swissness-Faktor»: Qualität, Beratung und Verlässlichkeit.

Rechtzeitig zum 50-Jahr-Jubiläum der Lenzlinger-Doppelböden – 2010 – ist in Wien die Lenzlinger Austria GmbH gegründet worden. Dies ist kein Zufall: Österreich ist das einzige unter den Nachbarländern, welches keinen eigenen Doppelbodenfabrikanten hat. Einen ersten grossen Exporterfolg erreichte das Unternehmen, als es in Wien den Milleniumtower mit 40 000 Quadratmetern sowie einige Jahre danach das als bestes Bürogebäude ausgezeichnete «Rivergate» mit 30 000 Quadratmeter Doppelböden ausstatten konnte. Gleichwohl stellt das Exportgeschäft spezifische Anforderungen, wie Annette Lenzlinger betont: «Wir liefern ja nicht nur das Produkt, wir bauen es auch ein.» Deshalb sei es wichtig, die jeweiligen technischen und juristischen Rahmenbedingungen so gut wie möglich zu kennen.

nächst zurück, konnte sich dann aber im Vergleich zum 2000 nochmals steigern. Die extremen Wachstumsraten der früheren Jahre scheinen aber vorbei zu sein.

Deshalb hat sich Lenzlinger entschieden, ins Ausland zu expandieren. Markus Bühler erläutert die Strategie folgendermassen: «Weil die Bürogebäude für unseren Absatz so wichtig sind, haben wir weltweit Märkte mit hohem oder wachsendem Anteil von Dienstleistungs-Arbeitsplätzen identifiziert. Ebenfalls war wichtig, dass diese Märkte über die notwendige Investitionskraft verfügten.» Denn dort,

Markus Bühler hat noch eine weitere Wachstumsidee – er möchte gern die Funktionalitäten der Doppelböden ausweiten lassen: «Ich sehe noch Innovationspotenzial durch den Minergietrend.» Denn energiesparende Häuser benötigen eine kontrollierte Lüftung, die notwendigen Lüftungskanäle liessen sich ebenso wie Heizungsleitungen in Doppelböden versorgen. Lenzlinger hat bereits erste Erfahrungen beim Bau von Hotels oder Wohnhäusern gesammelt. «Wir müssen aber abwarten, wie viel Potenzial dieser Bereich entwickeln wird.»

Parkett:
Bereich mit Wachstumspotenzial

Im Bereich «Parkett Teppiche Bodenbeläge», von Silvan Scheiwiller geleitet, sind rund 60 Mitarbeiter beschäftigt, hinzu kommen noch temporäre Kräfte. Ausser in der Mühle Niederuster gibt es Ausstellungen in Zürich-Brunau und Luzern. Der Bereich verkauft und verlegt Parkett, Teppiche und eine grosse Palette von Kunststoffbodenbelägen. Ausserdem übernimmt man Bodenrenovationen und -reparaturen. Das Verlegen von Steinböden wurde nach wenigen Jahren vorläufig wieder aufgegeben, weil das Produkt des Kooperationspartners nicht den Qualitätsansprüchen entsprach.

Aktuell kommen etwa zwei von drei Aufträgen aus dem Parkettbereich. In jüngster Zeit hat die Lenzlinger Söhne AG neben zahlreichen Eigenheimen, Grossüberbauungen und Gewerbebauten beispielsweise die Restauration des historischen Parkettbodens in der Zürcher «Tonhalle» ausgeführt, die Renovation im Hotel «Uto Kulm» am Zürcher Üetliberg oder im Hotel Storchen an der Limmat. In den Jahren seit dem Generationswechsel konnte der Bereich «Parkett Teppiche Bodenbeläge» seine Produktionsleistung um ca. ein Drittel steigern. Die Schwestern Lenzlinger sehen weiteres Wachstumspotenzial, auch innerhalb der Schweiz.

Schreinerei:
Kunden im Premiumsegment

Die Schreinerei, der älteste Bereich der Lenzlinger Söhne AG, ist mittler-

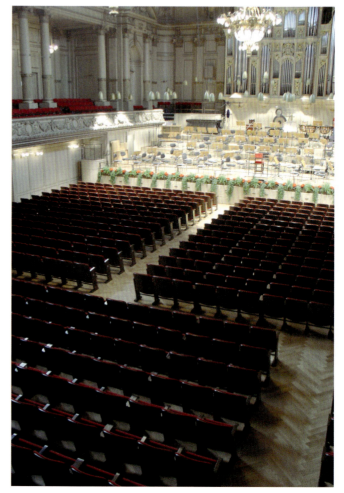

Im Jahr 2006 hat Lenzlinger den Parkettboden der Zürcher Tonhalle erneuert.

Holzboden aus alten Weinfassdauben, erstellt durch die Firma Lenzlinger.

Untersuchungstisch in einem Behandlungszimmer der Klinik Hirslanden.

weile umsatzmässig der kleinste: Seit 2000 hat sie aber ihre Produktionsleistung annähernd verdoppelt. Der Geschäftsbereich ist heute im gehobenen Einfamilienhaus-Bereich positioniert. Dementsprechend sind Architekten die wichtigsten Kunden. In den vergangenen Jahren hat die Lenzlinger-Schreinerei darüber hinaus verschiedene Spitäler ausgestattet, beispielsweise zahlreiche Behandlungs- und Patientenzimmer bei der Hirslanden-Gruppe. «Unser Bereich ist sicher von der Rendite her nicht der stärkste», räumt Bereichsleiter Peter Schmid ein. Dafür erschliesse die Schreinerei ein interessantes Kundensegment für das Unternehmen.

Umsatzmässig am bedeutsamsten ist der individuelle Innenausbau mit Einbauschränken oder Ankleidezimmern, es folgen hochwertige Küchen, dann spezielle Badezimmermöbel. Der Gastrobau hat einen eher kleinen Anteil am Umsatz. In den vergangenen Jahren habe der Bereich sich eine

sehr gute Reputation erarbeitet, urteilt Peter Schmid. Auch werde es sicherlich in den kommenden Jahren weiterhin ausreichend wohlhabende Kunden geben, die gemeinsam mit einem Architekten ein individuelles Eigenheim planen.

Metallbau: Umsatz ausgebaut

Im Bereich Metallbau arbeiten unter der Leitung von Artho Marquart neben temporär Beschäftigten rund 50 Personen. Die Produktionsleistung stieg seit 2000 mit 40 Prozent deutlich an. Der Bereich stellt Balkontürme oder Treppen und Geländer her, führt aber auch komplizierte Glasarbeiten an Dächern, Liftschächten, Fassaden oder Wintergärten sowie Innenausbauten aus. Ein Spezialbereich ist die Fertigung und Montage von Strassengeländern. Immer wieder spektakulär sind Projekte mit Helikoptereinsatz wie die Personenbrücke im Stadtpark Uster oder die Tramstation am Limmatquai in Zürich. Diese wurde vormontiert und am Stück in Präzisionsarbeit angeliefert.

Karin und Annette Lenzlinger sehen in diesem Bereich das grösste Innovationspotenzial. In diesem Bereich investiert Lenzlinger zurzeit sehr stark in die Ausbildung und steht kurz vor der höchsten Zertifizierung als

Die Firma Hero feierte ihr 125-Jahr-Jubiläum in einem Lenzlinger-Festzelt.

Schweissfach-Unternehmen. Das Ziel ist es, hier Nischen zu besetzen.

Zeltvermietung: flexibel wie eine Kleinfirma

Der Bereich «Zeltvermietung» der Lenzlinger Söhne AG wird angefragt, wenn Messen, Ausstellungen, temporäre Lagerräume, Grossanlässe, Firmenfeiern, aber auch Familienfeste organisiert werden. Als wichtige Partner haben sich dabei die Event-Agenturen entwickelt. Der Bereich ist schweizweit tätig, doch viele Aufträge beziehen sich auf Anlässe im Kanton Zürich. Der Umsatz dieses Geschäftsbereichs steigerte sich seit 2000 um ca. 50 Prozent. «Wir operieren flexibel wie eine Kleinfirma, aber mit der Sicherheit der grossen Lenzlinger Söhne AG im Rücken», berichtet Bereichsleiter Alois Ribi. Er hat beobachtet, dass das Geschäft in den vergangenen Jahren deutlich internationaler und der Wettbewerb stärker geworden ist. Nichtsdestotrotz ist Lenzlinger als Verleiher von Festzelten weiterhin sehr erfolgreich und erwirtschaftet in diesem Bereich gute Gewinne: «Der Grossraum Zürich ist ein interessanter Standort.»

Gewinn und Wachstum

Das strategische Ziel von Karin und Annette Lenzlinger besteht darin, den Unternehmensgewinn durch Optimierung der Prozesse möglichst zu steigern und durch die geographische Expansion das Wachstum zu entwickeln. Die inhaltliche Vision lässt sich im Jubiläumsslogan zusammenfassen: «Lösung, Leistung, Leidenschaft.» Dahinter verbirgt sich der Anspruch, den Kunden individuelle Lösungen für ihre Baubedürfnisse zu bieten, verbunden mit hoher Qualität und umfassendem Service, erläutert Karin Lenzlinger. Doch dies sei nur möglich mit gut qualifizierten, leistungsbereiten und von ihrer Sache begeisterten Mitarbeitenden.

Kompetent und gefragt

Robert Keller, langjähriger Präsident von «bauenschweiz», dem Dachverband der Schweizer Bauwirtschaft, ist optimistisch, dass sich diese Vision bei Lenzlinger erfolgreich verwirklichen lassen wird: Die Zukunftsperspektiven für die Baubranche bewertet er aktuell als sehr gut. Denn die Schweiz sei und bleibe wirtschaftlich stark, auch das Umfeld für KMU sei günstig. Das aktuelle Investitionsvolumen aufgrund von Neubauten und Renovationen schätzt er auf 60 bis 80 Mrd. Franken jährlich ein. Was den Qualitätsstandard angehe, sei die Schweiz weltweit führend.

Lenzlinger hat bei der Tramstation am Zürcher Limmatquai Personengeländer im Spheroguss nach historischem Vorbild eingebaut und das Dach erstellt.

Das Potenzial der Lenzlinger Söhne AG sieht der erfahrene Branchenkenner ebenfalls positiv: Das Familienunternehmen sei gut verankert am Standort Uster. Ausserdem verfüge man über einen grossen Einzugsbereich: «In einer Stunde Entfernung sind 3 Mio. Menschen erreichbar.» Lenzlinger verfüge über eine kompetente Führungsmannschaft und könne deshalb attraktive und gefragte Produkte und Dienstleistungen anbieten. So entspreche man dem Bedarf der Kunden nach individuellem Wohnen. Speziell im Bereich Doppelböden sieht Robert Keller Wachstumsmöglichkeiten: «Durch den Hochhaustrend wird es in diesem Bereich viele Aufträge im Inland geben. Ausserdem ist Lenzlinger durch die Internationalisierungsstrategie auf den Zukunftsmärkten präsent.»

Produktion und Einbau der zylinderförmigen, verglasten Tragkonstruktion am Limmatplatz.

Annette und Karin Lenzlinger: optimale Ergänzung

Auch Verwaltungsrat Arthur Wettstein, langjähriger CEO der Steiner Gruppe, ist sehr optimistisch für die Zukunft des Unternehmens und sieht weiteres Wachstumspotenzial im In- und Ausland: «Lenzlinger ist dank Prozessoptimierung und stringentem Risikomanagement im aktuellen wettbewerbsintensiven Markt sehr gut positioniert.»

Ausserdem, so seine Beobachtung, ergänzen sich die Schwestern optimal: «Annette Lenzlinger ist die Analytikerin.» Angesichts immer komplizierterer Rahmenbedingungen im Bau profitiere das Unternehmen von ihrer juristischen Kompetenz. Karin Lenzlinger hingegen sei die starke Frau an der Spitze. «Bei ihr vereinen sich Führungskompetenz und ökonomisches Fachwissen. Zugleich ist sie bodenständig und trotz der Unternehmensgrösse offen geblieben für die Ideen und Anliegen ihrer Mitarbeitenden.» Die Lenzlinger Söhne AG, so Arthur Wettstein, habe sich nie auf ihren Lorbeeren ausgeruht, sondern sich immer wieder gewandelt und in Innovationen investiert. «Mit diesem Rezept wird das Unternehmen auch in Zukunft erfolgreich sein.»

Mit Blick in die Zukunft: Karin und Annette Lenzlinger.

Schlusswort

Das hätte sich der Zimmermeister Joseph Lenzlinger vor 150 Jahren wohl kaum auszudenken vermocht: Sein einstmals bescheidener Betrieb hat sich zu einem Millionenunternehmen entwickelt, ist noch immer im Familienbesitz und wird in fünfter Generation von zwei Frauen geleitet. Dabei existiert von den Fabriken, die Uster im 19. Jahrhundert zu einem führenden Industriezentrum der Schweiz gemacht haben, heute keine mehr. Die Lenzlinger Söhne AG aber hat den fundamentalen Strukturwandel erfolgreich gemeistert und ist daraus sogar gestärkt hervorgegangen.

Dass die Weichen bei Lenzlinger vor 150 Jahren richtig gestellt wurden, dafür hat auch die Ehefrau des Firmengründers, Margaretha Lenzlinger-Wäckerlin, massgeblich gesorgt. Als zielstrebige Frau aus einfachsten Verhältnissen kümmerte sich nicht nur um die organisatorischen Belange im Betrieb, sondern war auch bestrebt, ihren vier Kindern ein besseres Leben zu ermöglichen. Dabei legte sie grossen Wert auf den regional angesehenen Familiennamen ihres ersten Ehemannes, Hans Jakob Zollinger. Mit ihrem Festhalten an der Zollinger-Tradition, ihrem Ehrgeiz und ihrer Entschlossenheit, sich in Uster zu etablieren, stellte Margaretha hohe Ansprüche an Joseph Lenzlinger. Gleichzeitig war dies seine Motivation, den Namen Lenzlinger durch Leistung unter Beweis zu stellen und an die nächste Generation weiterzugeben.

Seine beiden Söhne, Jacques und Johann Edwin, standen ebenfalls im Spannungsfeld zwischen der Zollinger-Tradition und dem unternehmerischen Erbe ihres Stiefvaters. Doch sie waren gewillt, dessen Lebenswerk weiterzuführen und den Betrieb zu vergrössern.

Nach der geschäftlichen Trennung von seinem Bruder setzte Jacques Lenzlinger weiterhin klar auf den bewährten Baustoff Holz und den Chaletbau. Seine Holzhäuser in Uster und Umgebung symbolisieren bis heute seinen Handwerkerstolz und seine Liebe zum Holz, aber auch sein verantwortungsvolles und kluges Unternehmertum.

Die dritte Generation Lenzlinger, Hans und Max, hatte kein leichtes Erbe anzutreten. Sie mussten den Betrieb durch die stürmischen Krisen- und Kriegsjahrzehnte steuern. Mit der Aufgabe des Chaletbaus Mitte der 1930er Jahre bewiesen die Brüder ihr Gespür für ein realistisches Geschäftsvolumen. Dies blieb auch in den folgenden Jahrzehnten ein wichtiger Erfolgsfaktor für das Familienunternehmen.

Gleichzeitig erschlossen sie zahlreiche neue Gebiete: die Produktion von Telefonstangen, die Herstellung und schweizweite Vermietung von Schiessanlagen und Festzelten sowie die industrielle Produktion von Parkett. Dabei gelang es Hans und Max, sich in einem zunehmend protektionistischen Umfeld erfolgreich zu behaupten.

In den Nachkriegsjahrzehnten erlebte die Schweiz einen immensen Bauboom. Gleichzeitig gerieten viele klassische Industrieunternehmen in Schwierigkeiten und verschwanden, so auch in Uster. Es war die grosse Leistung von Urs Lenzlinger, den Betrieb in vierter Generation neu ausgerichtet und den Umsatz vervielfacht zu haben. Zudem erschloss er neue Bereiche und positionierte die Lenzlinger Söhne AG als schweizweit tätiger Anbieter, vor allem auch dank der pionierhaften Entwicklung der Doppelböden.

Heute zählt der Familienbetrieb zu den führenden Ausbauunternehmen der Schweiz, ist Marktführer im Bereich der Doppelböden und treibt darüber hinaus seine geographische Expansion voran. Stammvater Joseph wäre stolz, dass der Name Lenzlinger heute in der Schweizer Bauwirtschaft ein fester Begriff ist. Und Margaretha Lenzlinger-Wäckerlin würde sich gewiss besonders freuen, dass das Unternehmen in der fünften Generation durch zwei Frauen geführt wird – ihre Ur-Ur-Enkelinnen Karin und Annette.

Erste Sägerei mit Einfachgang, 1920er Jahre. Im Bild: Albert Homberger, später ein langjähriger Mitarbeiter der Firma Lenzlinger.

Tätigkeiten der Firma Lenzlinger seit 1862

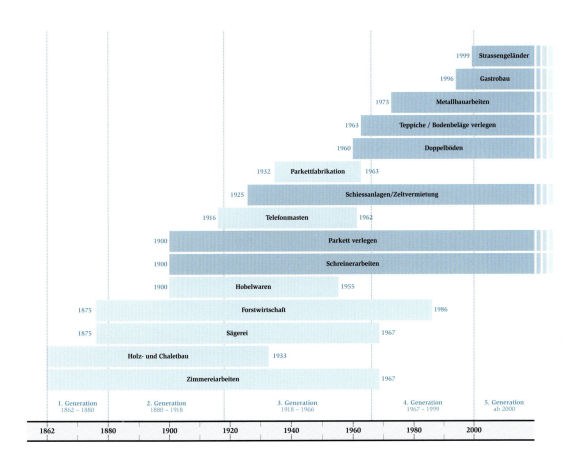

**Die Gebäude der Firma Lenzlinger in Niederuster,
1862-1936, Eigenbedarf und Verkauf***

Baujahr	Typ	Strasse	Nr.	A2	A3
1862	Wohnhaus	Seestrasse	103	370	547
1862	Werkstätte	Seestrasse	103	371	548
1864	Wohnhaus	Seestrasse	99	369	546
1865	Wohnhaus	Seestrasse	60	357	552
1865	Werkstätte	Seestrasse	64	359	555
1865	Wohnhaus	Seestrasse	64	360	556
1866	Scheune	Seestrasse	60	358	553
1868	Wohnhaus	Seestrasse	66	366	554
1874	Werkstätte/Säge	Seestrasse	64	361	558
1876	Ladenschopf	Seestrasse	64	363	560
1881	Scheune	Seestrasse	113	375	600
1883	Ökonomiegebäude	Sonnenbergstrasse	9c	400	587
1883	Mühlegebäude	Sonnenbergstrasse	11	397	588
1883	M. Scheune	Sonnenbergstrasse	11	399	590
1883	Remise	Sonnenbergstrasse	11	379	591
1889	Holzschopf	Seestrasse	64	362	563
1892	Schopf	Seestrasse	64	364	562
1892	Schopf	Seestrasse	88	448	655
1893	Bretterschopf	Seestrasse	64	365	566
1893	Einfamilienhaus	Seefeldstrasse	15	419	613
1894	Einfamilienhaus	Seestrasse	77	349	532
1894	Einfamilienhaus	Seestrasse	79	350	533
1894	Einfamilienhaus	Seestrasse	81	351	534
1894	Wasserreinigungsgebäude	Sonnenbergstrasse	11	398	589
1894	Einfamilienhaus	Seefeldstrasse	13	418	612
1895	Einfamilienhaus	Blumenweg	6	526	475
1895	Einfamilienhaus	Blumenweg	4	525	476
1895	Einfamilienhaus	Seestrasse	49	524	478
1896	Einfamilienhaus	Seestrasse	34	530	447
1896	Einfamilienhaus	Jakobstrasse	2	532	448
1896	Einfamilienhaus	Jakobstrasse	1	533	460
1896	Einfamilienhaus	Seestrasse	36	531	461
1896	Wohnhaus	Seestrasse	48	304	483
1896	Schopf	Seestrasse	48	303	484
1896	Sägerei	Seestrasse	64	528	559
1897	Einfamilienhaus	Jakobstrasse	4	534	449
1898	Einfamilienhaus	Forchstrasse	19	542	450
1898	Einfamilienhaus	Forchstrasse	23	543	458
1898	Einfamilienhaus	Jakobstrasse	3	535	459
1898	Werkstätte	Seestrasse	36	540	462
1898	Einfamilienhaus	Seestrasse	42	544	479
1899	Einfamilienhaus	Forchstrasse	28	546	453
1899	Einfamilienhaus	Forchstrasse	34	551	457
1899	Einfamilienhaus	Seestrasse	44	547	480

Jahr	Typ	Strasse	Nr.	A2	A3
1900	Einfamilienhaus	Forchstrasse	30	559	454
1900	Einfamilienhaus	Forchstrasse	32	560	456
1900	Einfamilienhaus	Seestrasse	46	558	481
1901	Einfamilienhaus	Seestrasse	38	562	463
1901	Wohnhaus/Scheune	Unterbühlenstrasse	8	342	524
1902	Einfamilienhaus	Bernerstrasse	2	564	464
1903	Einfamilienhaus	Bernerstrasse	4	568	465
1903	Einfamilienhaus	Forchstrasse	25	570	466
1903	Einfamilienhaus	Seestrasse	40	571	473
1904	Einfamilienhaus	Forchstrasse	36	573	467
1904	Tröckneschopf	Seestrasse	64	572	564
1906	Einfamilienhaus	Forchstrasse	38	577	468
1906	Einfamilienhaus	Bernerstrasse	5	579	470
1907	Einfamilienhaus	Forchstrasse	21	582	451
1907	Einfamilienhaus	Bernerstrasse	3	580	471
1908	Einfamilienhaus	Forchstrasse	26	583	452
1910	Einfamilienhaus	Rosenstrasse	6	2152	1973
1910	Einfamilienhaus	Rosenstrasse	4	2153	1974
1911	Einfamilienhaus	Rosenstrasse	2	2161	1975
1915	Schopf	Seestrasse	64	597	557
1916	Badhaus	Seestrasse	64		561
1916	Imprägnierturm	Seestrasse	64	598	565
1916	Einfamilienhaus	Pündtstrasse	3	2230	2618
1916	Einfamilienhaus	Pündtstrasse	5		2619
1917	Einfamilienhaus	Pündtstrasse	7		2620
1920	Einfamilienhaus	Pündtstrasse	9		2624
1924	Einfamilienhaus	Pündtstrasse	11		2626
1924	Einfamilienhaus	Pündtstrasse	13		2627
1924	Einfamilienhaus	Pündtstrasse	15		2628
1928	Einfamilienhaus	Unterbühlenstrasse	29		767
1928	Einfamilienhaus	Unterbühlenstrasse	24		768
1928	Einfamilienhaus	Unterbühlenstrasse	26		769
1931	Wohnhaus	Rietackerstrasse			777
1931	Imprägnierturm	Rietackerstrasse			779
1933	Einfamilienhaus	Wildsbergstrasse	2		788
1933	Einfamilienhaus	Wildsbergstrasse	4		789

* Die Tabelle basiert auf den Lagerbüchern der kantonalen Gebäudeversicherung. Zusammenstellung von Konrad Sturzenegger mit Unterstützung von Urs Lenzlinger.

Bemerkungen zur Tabelle:
Strasse: heutiger Name
Nr.:   Hausnummer, wie sie heute besteht oder bis zum Abbruch bestand
A2:   Assekuranz-Nr., 1894-1916 gültig
A3:   Assekuranz-Nr., 1916-heute

Häuser, die im Auftrag von Bauherren durch die Firma Lenzlinger erstellt wurden, sind nicht erfasst.

Stammbaum der Familie Lenzlinger*

I. Hans Jakob Zollinger (1803-1858)
⚭
Margaretha Wäckerlin (1830-1917)

II. Johann Joseph Lenzlinger (1824-1900)
(adoptiert die vier Zollinger-Kinder: 1874)
⚭
Margaretha Wäckerlin (1830-1917)

Barbara Emma (1853-1928) ⚭ Salomon Keller (1845-1919)
(fünf Kinder)

Anna Lina (1854-1924) ⚭ Jacques Müller (1848-1921)
(fünf Kinder)

Johann Jakob (1856-1945) ⚭ Bertha Guyer (1864-1928)

Johann Edwin (1858-1927) ⚭ Margaretha Müller (1859-1924)
(acht Kinder)

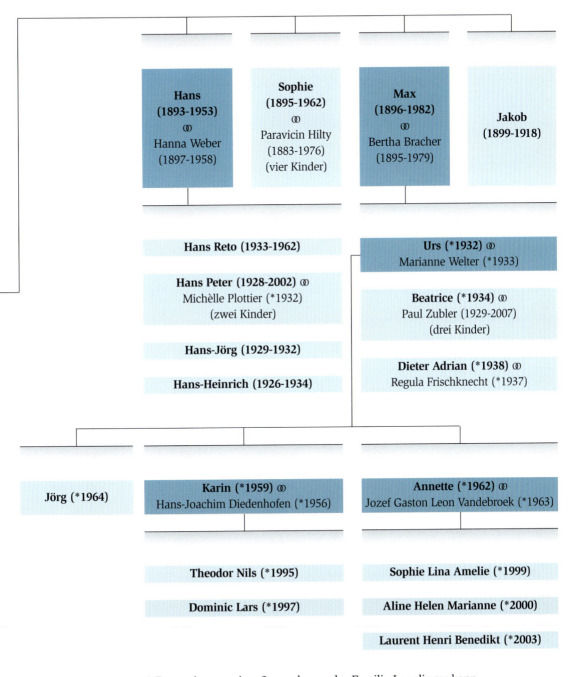

* Der weitverzweigte Stammbaum der Familie Lenzlinger kann bei Urs Lenzlinger oder beim Autor eingesehen werden.

Quellen und Literatur

Archive und Bibliotheken

Staatsarchiv des Kantons Zürich, Zürich
Baugeschichtliches Archiv, Zürich
Stadtarchiv und Paul Kläui-Bibliothek, Uster
Archiv der Firma Lenzlinger Söhne AG, Uster
Zentralbibliothek Zürich, Zürich

Nachschlagewerke

Architektenlexikon der Schweiz 19./20. Jahrhundert, hrsg. von Isabelle Rucki
 und Dorothee Huber, Basel 1998.
Historisch-biographisches Lexikon der Schweiz, 7 Bde., 1921-1934.
Historisches Lexikon der Schweiz (HLS), online-Version.
Inventar der neueren Schweizer Architektur 1850-1920, Zürich 1982-2004.
Ustermer Strassennamen, hrsg. von der Paul Kläui-Bibliothek Uster, Uster 1996.

Ausgewählte Literatur

Publikationen von und über Protagonisten der Familie Lenzlinger

Dobler, Alfred, Urs Lenzlinger: Unternehmer in der 4. Generation, Nänikon-
 Uster 2004 (Eigenverlag).
Knauss, Markus: Vom Handwerksmeister zur modernen Aktiengesellschaft: Die
 Geschichte der Firma Lenzlinger 1862-1985, Uster 1989 (Eigenverlag).

Gesamtdarstellungen der Geschichte von Uster

Galliker, Hans-Rudolf, Michael Koch, Walter Ulmann: Uster: Vom Werden einer
 Agglomerationsstadt, hrsg. von der Stadt Uster, Abteilung Planung, Uster 2001.
Kläui, Paul: Geschichte der Gemeinde Uster, Uster 1964.
Ders.: Chronik Bezirk Uster: Geschichte Industrie, Handel, Gewerbe, Zürich 1944.
Köhler, Michael: Uster: Vom Fabrikdorf zur Stadt, Uster 2005.

Weitere Literatur über Niederuster und die Firma Lenzlinger

Aabach und Mühle Niederuster: Ein Beitrag zur Industriegeschichte des Zürcher
 Oberlandes, Kleine Schriften der Paul Kläui-Bibliothek, Nr. 3, Uster 1985.
Beck, Bernhard: Lange Wellen wirtschaftlichen Wachstums in der Schweiz
 1814-1913, Bern 1983.
Durrer, Bruno: «40 Jahre ISP oder die Geschichte einer erfolgreichen Parkett-
 Story», Kurzreferat von dems., gehalten an der ISP-Jubiläums-General-
 versammlung in Basel, 18. April 2007.
Fischer-Karrer, Claudia, Eva Zangger: Hasenbüel und Fuchsgasse: Die Strassen-
 namen im Zürcher Oberland, in: Heimatspiegel, Illustrierte Beilage im «Anzeiger von Uster», Nr. 12, Dezember 2008.

Frauenverein Niederuster (125 Jahre), Uster 1985 (Eigenverlag).

Frutiger, Barbara: Hotelarchitektur als Erfolgsfaktor, Lizentiatsarbeit Bern 2007, vgl. bauforschungonline.ch.

Heyer, Hans-Rudolf: Historische Gärten der Schweiz, Bern 1980.

Köhler, Michael: 12 Monate Stadtgeschichte (Kalender von Uster 2010), Uster 2010.

Michel, Christian: Fussböden, Parkett und Laminate, Referat an EMPA/HSR-Tagung 2001.

Müller, Heinrich: Egg bei Zürich (Gemeindechronik), Egg 1975.

Nievergelt, Dieter: Erbauliche Visionen vom Lande und von alter Zeit (Artikel über Jacques Gros), in: Turicum Frühjahr 1988, S. 42-52.

Rentsch, Hans U.: Jakob Heusser-Staub (1862-1941), Schweizer Pioniere der Wirtschaft und Technik, Bd. 51, Zürich 1988.

Schmid, Hans Rudolf: Alfred Zellweger (1855-1916), Schweizer Pioniere der Wirtschaft und Technik, Bd. 28, Zürich 1975.

Surbeck, Peter: Die Inschriften an Bauernhäusern im Bezirk Uster, Uster 1999.

Ders.: Die Kapelle St. Blasius in Niederuster, Neujahrsblatt der Turicum-Gesellschaft Niederuster, 21, 2011.

Ders.: Die Kleinkraftwerke am Aabach in Niederuster, Neujahrsblatt der Turicum-Gesellschaft Niederuster, 20, 2010.

Ders.: Die Kleinkraftwerke am Aabach in Niederuster, Neujahrsblatt der Turicum-Gesellschaft Niederuster, 19, 2009.

Ders.: Die Kleinkraftwerke am Aabach in Niederuster, Neujahrsblatt der Turicum-Gesellschaft Niederuster, 18, 2008.

Widmer, Sigmund: Ernst Göhner (1900-1971): Bauen in Norm, Schweizer Pioniere der Wirtschaft und Technik, Bd. 49, Zürich 2000.

Wietersheim Eskioglou, Karin von: Der Schweizer Stil und die Entwicklung des modernen Schweizer Holzbauhauses, Dissertation ETH Zürich, 2004.

Zollinger, Christoph Heinrich: Die Zollinger-Chronik: Der Weg in die Vergangenheit der Zollinger von Egg bei Zürich, Kilchberg 1976.

Ausgewählte Zeitungsartikel über die Familie Lenzlinger (eine vollständige Pressedokumentation findet sich in der Paul Kläui-Bibliothek Uster)

Agententhriller in Zürich-Höngg, Tages-Anzeiger, 18. Oktober 2010.

Chalets wie in den Bergen in der Stadt: Führung durch die Siedlung zwischen See- und Forchstrasse am Europäischen Tag des Denkmals, Zürcher Oberländer, 11. September 2007.

Vierte Generation verlässt die Bühne, Anzeiger von Uster, 31. Dezember 2004.

Aktenzeichen Lenzlinger gelöst, Rolle der Stasi bei der Ermordung des Fluchthelfers, von Ernst Cincera, NZZ, 16. Oktober 2000.

Generationenwechsel bei Lenzlinger Söhne AG, Uster, NZZ, 6. September 1999.

Element-Doppelböden aus Uster, NZZ, 13. April 1996.

Lenzlinger expandiert trotz Baubranchenflaute, Uster Nachrichten, 20. August 1992.

Aufrichtefest bei Lenzlinger in Nänikon, Uster Nachrichten, 21. März 1991.

Ein in Niederuster stark verwurzelter Betrieb, Anzeiger von Uster, 17. August 1987.

Lenzlinger Söhne AG – ein Stück Ustermer Geschichte, Anzeiger von Uster, 15. August 1987.

Traditionelles Bauhandwerk in modernem Kleid, Anzeiger von Uster, 11. August 1987.

Die Mühle von Niederuster in Gefahr, NZZ, 6. August 1971.

Bildnachweise

Stadtarchiv und Paul Kläui-Bibliothek, Uster
Seiten 7,8, 13, 14, 17, 18, 28, 29, 33, 36, 37, 38, 39, 45, 56, 57.

Archiv Lenzlinger Söhne AG
Seiten 10 (Foto Natalie Buffat, Freudwil), 11 (Foto Natalie Buffat), 12, 16, 19, 21, 22, 23, 24, 25, 27, 30, 31, 34, 35, 40, 41, 42, 44, 46, 47,48, 49, 50, 51, 52, 54, 55, 59, 60, 61, 62, 64, 65, 66, 67, 68, 70, 71, 73, 74, 76, 79 (Fotos Natalie Buffat), 80, 81, 82 (Foto Peter Fuchs, Buchs (SG)), 83 (Foto Kurt Zuberbühler, Zuzwil), 84, 85 (Foto Peter Fuchs), 86, 87, 88, 89, 89 unten (Foto Urs Gall, Rüti), 90, 91 (Fotos Urs Gall), 92 (Foto Natalie Buffat), 94.

Staatsarchiv des Kantons Zürich
Seiten 15, 26 oben.

Archiv Peter Surbeck, Uster
Seiten 26 unten, 75.

Luftbild Schweiz
Seite 58.

Sammlung Urs Reisel, Volketswil
Seite 63.

ETH-Bibliothek Zürich, Bildarchiv
S. 69.

Ferit Kuyas
Seite 78.

Umschlag vorne:
Archiv Lenzlinger Söhne AG.

Umschlag hinten:
Oberdorf Niederuster um 1900. In der Bildmitte der Aabach und rechts davon der Werkplatz der Firma Lenzlinger und die Mühle Niederuster, Archiv Peter Surbeck.

Dank

Zunächst möchte ich Peter Surbeck, Uster, danken. Er hat mir als Kenner der Geschichte von Niederuster zahlreiche wertvolle Informationen gegeben und das Manuskript sorgfältig gegengelesen. Von seinem breiten historischen Wissen habe ich in vielfacher Weise profitiert.

Ebenfalls danke ich Dr. Pietro Maggi, dem Stadtarchivar von Uster, ganz herzlich für seine wichtigen Hinweise und seine kompetente und engagierte Unterstützung bei der Recherche und der Bildersuche.

Josef Hagmann, Dorfchronist von Mosnang, hat mir detaillierte und präzise Auskunft zum Stammvater des Unternehmens, Josef Lenzlinger, und seiner Heimatgemeinde Mosnang gegeben. Auch ihm gilt mein spezieller Dank.

Danken möchte ich darüber hinaus der Historikerin/Kunsthistorikerin Claudia Fischer-Karrer von den «Kulturdetektiven», Wetzikon, für ihre sehr hilfreichen Informationen zur Chaletsiedlung von Jacques Lenzlinger. Dr. Isabelle Rucki, Spezialistin für Architekturgeschichte, hat mir bei Fragen zum Schweizer Holzstil kompetent Auskunft gegeben. Auch ihr danke ich herzlich.

Alt Oberrichter Dr. Daniel Steck, Greifensee, hat mich mit sorgfältig recherchierten und präzise zusammengestellten rechtshistorischen Informationen versorgt, speziell zu erb- und familienrechtlichen Fragen im Zusammenhang mit Joseph Lenzlinger. Ganz herzlichen Dank dafür.

Weiterhin möchte ich mich bei den folgenden Personen für ihre Auskünfte und ihre Hilfsbereitschaft bedanken: Thomas Neukom vom Staatsarchiv Zürich, Esther Fuchs vom Baugeschichtlichen Archiv Zürich, Sabine Kleiner vom Stadtarchiv Zürich, Patric Schnitzer vom Staatsarchiv St. Gallen, Paul Vestner vom Zivilstandsamt Toggenburg, Martin Ledergerber, dem Leiter Einwohnerdienste in Kirchberg SG, sowie Tobias Zerobin, Gemeindeschreiber von Egg.

Alfred Dobler, Ahnenforscher aus Riedikon, danke ich herzlich für seine nützlichen Informationen zum weitverzweigten Stammbaum der Familie Lenzlinger.

Ein weiterer spezieller Dank gilt Konrad Sturzenegger, Uster, für seine spannenden Auskünfte über traditionsreiche Ustermer Firmen, speziell im Baubereich.

Martin Bornhauser, Stadtpräsident von Uster, hat mir im Interview sehr interessante Einschätzungen zur Bedeutung des Unternehmens Lenzlinger für Uster gegeben. Auch Dr. Arthur Wettstein, Verwaltungsratspräsident der Lenzlinger Söhne AG, und alt Nationalrat Robert Keller, langjähriger Präsident von bauenschweiz, waren geschätzte und wichtige Gesprächspartner. Ihnen allen bin ich für Ihre Unterstützung zu Dank verpflichtet.

Abschliessend möchte ich allen Protagonisten innerhalb der Lenzlinger Söhne AG ganz herzlich danken für ihre vielfältige Unterstützung, ganz besonders meinen Gesprächspartnern.

Hier war für mich Urs Lenzlinger mit seinem profunden Wissen zur Familien- und Unternehmensgeschichte eine entscheidende Quelle. Seine präzisen Einschätzungen und sein unternehmerisches Know-how haben mir bei der Erstellung dieses Buches eine wichtige Inspiration gegeben. Speziell möchte ich Urs Lenzlinger auch dafür danken, dass er sich für dieses Projekt soviel Zeit genommen und es mit Begeisterung unterstützt hat. Ebenfalls herzlichen Dank an Eugen Nater für das sorgfältige Zusammenstellen und Aufbereiten des historischen Bildmaterials. Markus Ellenbroek hat mir vor allem bei den aktuellen Bildern sehr weitergeholfen, auch ihm besten Dank dafür. Weiterhin danke ich Silvia Benito für ihre Unterstützung bei der Bildersuche.

Karin und Anette Lenzlinger sowie Isabelle Hohl ist es zu verdanken, dass das Projekt zustande gekommen ist. Sie haben es über die gesamte Zeit sehr konstruktiv und mit viel Engagement und Interesse begleitet. Herzlichen Dank für die intensive und gute Zusammenarbeit.

Dem Korrektor, Peter Stierlin, sei ebenfalls bestens gedankt für die aufmerksame Durchsicht dieses Bandes.

Last but not least danke ich meiner Druckerei, hier vor allem Hansjörg Ragotti und dem Polygrafen Michael Warasch, für die bewährte Qualitätsarbeit, ihre Flexibilität, ihre Geduld und ihren Einsatz.

Falls beim Dank irrtümlich jemand vergessen gegangen sein sollte, bitte ich um Nachsicht.

Adresse des Autors:

Dr. Bernhard Ruetz
Verein für wirtschafts-
historische Studien
Vogelsangstrasse 52
CH-8006 Zürich